KB266925

감정을 설계하는
행동 심리 CS

감정을 설계하는 행동 심리 CS

오지혜 지음

AI 시대, 행동 심리로 살아남는 고객 서비스 전략

고객을 위한 공감의 언어는
'정보'가 아니라
'이해'의 말이다

사람은 순간의 느낌을
기억하고, 그 감정이
감동을 만든다

BOOK AGIT

감정을 설계하는 사람만이 남는다

요즘 대형 프랜차이즈 카페들은 키오스크와 챗봇을 중심으로 고객 응대를 무인화하고 있다. 결제, 주문, 적립은 물론이고, 간단한 민원 응답도 챗봇이 처리한다. 심지어 직원 한 명 없이 운영되는 전면 무인 매장도 등장했다. 속도는 빨라졌고, 인건비는 줄었으며, 시스템은 정확하다. 기계는 틀리지 않으니까.

하지만 빠르고 편리한 시스템 속에서도 어딘지 모르게 불편함을 느끼는 고객이 있다. 문제는 '정확하지 않아서'가 아니라 '기대하지 못했던 불편' 때문이다. 예상보다 늦은 음료 제공, 멈춰 있는 화면 앞에서 잠시 서 있어야 하는 민망함, 실수로 잘못 주문했을 때의 당황스러움. 그 모든 순간에 불편은 설명 없이 혼자 감내해야 하는 감정으로 쌓인다.

카페에서 음료 한 잔을 주문하는 데 걸리는 시간은 2분도 채 안 된다. 하지만 그 짧은 시간에도 고객은 '느낌'을 만든다. 기계는 주문을 처리하지만, 사람은 감정을 읽는다. 행동경제학 연구에서도 인간의 의사결정은 논리보다 감정 반응에 먼저 영향을 받는다. 이 차이가 바로 AI가 넘을 수 없는 마지막 접점이다. 기계는 정답을 제공하고, 사람은 감정의 온도를 조율한다. 누군가는 고객의 표정을 외면하고, 누군가는 고객의 망설임에 눈치를 챈다.

"이거 바꿔주세요"라는 고객의 말에는 바꿔 달라는 '메뉴'보다 '기분'이 담겨 있을 수 있다. 불만인지, 불안인지, 단순 요청인지 AI는 그 감정의 결을 구분하지 못한다. 고객의 표정, 어투, 손의 움직임, 말의 속도 등 행동 언어를 문맥과 상황에 따라 해석하는 것은 사람의 몫이다. 기계는 효율을 높일 수 있어도 고객의 심리를 캐치하고 케어하는 공감력은 인간 고유의 능력이다. 고객은 정보보다 느낌을 기억한다. 빵이 맛있었다는 정보보다 점원이 "조심히 들고 가세요"라고 말해준 그 순간의 배려를 더 오래 기억한다. 주문이 빠른 시스템보다 자신을 위해 잠깐 멈춰준 눈빛과 말투를 마음에 담는다. 이건 매뉴얼에 적을 수 없다. 설명할 수 없는 감정이지만, 분명 존재하고 기억된다.

그런 의미에서 AI의 등장은 인간의 자리를 뺏는 위협이 아니라, 우리가 비로소 '진짜 서비스'에 몰입할 수 있게 돕는 해방의 신호다. AI가 정확한 데이터 분석과 빠른 처리를 대신 맡아주는 덕분에, 우리는 번거로

감정을 설계하는 행동 심리 CS

운 계산과 반복적인 안내에서 벗어나 고객의 미묘한 표정 변화를 살피는 '공감의 시간'을 벌게 되었기 때문이다. 기술이 정교해질수록 사람이 쏟을 수 있는 온기의 밀도는 더 높아져야 한다. 기계가 정답을 말할 때, 사람은 그 사이의 공백을 채워야 한다.

그래서, AI 시대에도 '돈 버는 CS'는 다르다

앞으로 고객 서비스는 두 갈래로 나뉠 거다. 첫째는 기능을 처리하는 시스템형 응대이고 둘째는 감정을 이해하고 설계하는 공감형 응대이다. AI 시대에도 고객의 선택을 받는 CS는 후자다.

정답을 말하는 기술이 아니라 공백을 읽는 감각, 불편함을 알아차리는 눈치, 말하지 않아도 배려가 느껴지는 공감력, 이것이 바로 행동 심리를 담은 감정 기반 CS다.

CONTENTS

프롤로그

PART 01 · AI 시대, 인간의 감정은 마지막 경쟁력이다

CS의 본질을 다시 묻다

행동 심리를 담은 고객 서비스 전략

AI시대, 인간의 감정은 마지막 경쟁력이다

기술이 아닌 '관계'로
살아남는 법

요즘 카페는 말이 없다. 무인 매장에 들어서면 키오스크만 서 있어, 누구에게도 추천받지 못한 채 메뉴를 한참 내려보며 고민하다 결국 늘 먹던 걸 누른다. 챗봇은 대기 중이고, 직원은 자리에 없다. 편하긴 하다. 하지만 낯설고 외롭다. 디지털 전환이 빠르게 진행되며 고객은 스스로 주문하고 직접 해결하는 데 익숙해졌다. 그런데 아이러니하게도 고객은 점점 더 관계를 갈망하고 있다. 바로 '내가 연결돼 있다'라는 심리적 안정감이다.

'기능'은 익숙하지만, '관계'는 여전히 필요하다

어떤 병원은 최신 예약 시스템을 도입했다. 회원가입도 필요 없고, 시간도 자유롭게 선택할 수 있다. 처음에는 환영받았다. 그런데 어느 순간 노쇼가 늘었다. 이유를 물었다.

"문제가 생겼을 때 챗봇이 계속 같은 말만 반복해서 그냥 포기했어요."

기술은 문제를 해결할 수 있지만, 감정을 이해하진 못한다. 고객은 정보를 넘겨받기보다 '내가 존중받고 있다'는 신호를 원한다. 서비스는 결국 "혹시 어려움 있으세요?"라는 한 문장에서 시작된다.

공감 없는 친절은 기계와 다르지 않다

요즘 서비스 현장은 스크립트 중심이다. 정해진 문장, 정해진 미소, 정해진 인사. 그런데 고객은 이렇게 말한다.

"겉으론 친절한데, 왜 이렇게 불편하지?"

이건 태도의 문제다. 말은 친절했지만 감정이 느껴지지 않았다. 기계적으로 반복되는 친절은 공감이 빠진 응대다. 결국 고객은 '관계 맺기 실패'로 느낀다.

기억에 남는 건 기술이 아니라 사람이다

고객이 "기분이 좋아졌다"라고 말할 때, 그건 알고리즘의 추천이 아니

　　　　　　　　　　　　　　　감정을 설계하는 행동 심리 CS

라 사람의 공감에 반응한 순간이다.

“네, 바로 도와드릴게요.”

“걱정되셨겠어요. 제가 확인해 볼게요.”

“조금만 기다려 주세요.”라는 말에 담긴 따뜻한 눈빛

불편을 말하는 고객에게 “그럴 수 있죠.”라고 수용해 준 자세

이건 기술로는 만들 수 없는 ‘감정 회복 경험’이다. 결국 고객은 자신이 대우받았다고 느꼈던 ‘그 순간’을 기억한다. 관계는 단순한 친절이 아닌 심리적 연결의 기술이다. 관계는 고객이 내 감정에 반응하고 있다는 신호를 받을 때 생긴다. 그 신호는 미소일 수도, 말투일 수도 있다. 기술은 방법이지만, 관계는 이유를 만든다. 이유가 있어야 감동이 되고, 감동이 있어야 고객은 돌아온다. 그래서 살아남는 서비스는 기술이 뛰어난 곳이 아니라, 사람과 사람 사이의 감정을 연결하는 능력이 뛰어난 곳이다.

2

챗GPT가 대체할 수 없는
공감의 언어

무표정한 정중함보다, 어설픈 진심이 더 낫다

AI 챗봇은 쉬지 않는다. 정중한 말투, 빠른 응답, 24시간 대응. 오히려 사람보다 나을 때도 있다. 말실수도 없고, 감정 기복도 없고, '왜 이리 느려'라는 짜증도 없다. 그래서 고객들은 점점 익숙해진다. "불편하지 않다." "이게 더 편하다." 하지만 편리함 뒤엔 미세한 허전함이 남는다. 기분은 풀리지 않았는데 문제가 해결된 기분, 감정이 빠진 '정확한 서비스'는 기억에 남지 않는다. 한 카페 브랜드는 24시간 챗봇 응대를 도입했다. 결제 오류, 적립 누락, 단순 문의 등은 빠르게 처리됐지만, 만족도는 생각보다 높지 않았다. 이유는 단순했다. 응답은 정확한데, 감정이 움직이지 않았다.

"답은 맞는데, 내 상황에 대한 이해는 없었다."

"틀린 말은 아닌데, 너무 기계 같아서 더 짜증났다."

이런 피드백은 서비스의 본질이 여전히 '사람 사이의 일'이라는 걸 보여준다. 고객은 문제 해결을 원하면서 동시에 감정을 중심에 두고 있다. 그래서 정보보다 언어의 온도, 논리보다 공감의 맥락을 먼저 감지한다.

AI는 데이터를 읽지만, 인간은 맥락을 읽는다

챗GPT는 수많은 대화 데이터를 학습하여 문장을 만든다. 하지만 감정은 데이터에 없다. 그 상황의 공기, 말투, 망설임, 표정, 여운 같은 것들은 아직 기계의 언어가 아니다. 예를 들어보자.

고객: "이거 환불 안 되나요?"

챗봇: "죄송합니다. 해당 상품은 환불이 불가합니다."

사실이다. 틀린 말도 없다. 하지만 사람은 이렇게 말할 수 있다.

상담원: "불편하셨죠. 이 상품은 원칙상 환불이 어렵습니다만, 혹시 어떤 상황이었는지 알려주실 수 있을까요?"

이건 단순한 말의 차이가 아니다. '상황을 들을 준비가 되어 있다'라는 태도가 느껴지는 문장이다. 고객은 정보를 얻고 싶어서 챗봇을 사용하지만, 감정을 다루는 순간에는 '이해받고 싶은 본능'이 튀어나온다. 고객은 이해보다 '이해받고 싶다'는 감정에 반응한다.

그래서 고객이 진짜 원하는 건 뭔가요?

정확한 정보를 빠르게 주는 것?

불만을 논리적으로 설명해 주는 것?

그건 '절반의 응대'일 뿐이다. 고객은 '정보'보다 '나의 감정 상태를 인식해 주는 말'을 기억한다. 이건 단순히 "공감해요~"라고 말하는 것을 뜻하지 않는다.

- 불편한 상황에서도 짧게 숨 고르며 "많이 기다리셨죠."
- 요구사항을 확인한 후 "그럴 수 있겠네요. 제가 다시 확인해 볼게요."
- 안내할 때 "이건 고객님께 더 좋은 방법이 될 수 있습니다."
- 고객이 불안해할 때 "이런 경우 종종 있으세요. 저도 도와드릴 수 있어요."

이런 문장은 텍스트로만 보면 별거 아닌 말이지만, 고객의 상황에 맞춰 감정을 다뤄주는 말은 그 자체로 회복이 된다.

공감의 언어는 '맞는 말'이 아니라 '맞춰주는 말'이다

지금 고객은 정보가 부족하지 않다. 검색하면 다 나온다. 후기도 이미 보고 온다. 지식은 넘치고, 감정은 부족한 시대다. 이럴 때 '감정을 다룰 줄 아는 말'은 강력한 무기가 된다.

- 말투의 여백

- 반응의 속도

- 단어 선택의 맥락

- 감정 온도를 맞추는 리듬

이건 교육 매뉴얼로도 어렵고 챗봇 알고리즘으로도 구현하기 힘든 영역이다. 결국, 공감은 관계를 만드는 유일한 기술이다. CS든 CX든 고객 경험의 핵심은 결국 '감정 관리'다. 그 감정은 정확한 정보나 논리적인 설명보다 '내 감정을 중심에 두고 반응한 태도'에서 회복된다. 친절은 매뉴얼이 아니라 조율 능력이다. 잘 말하는 능력이 아니라 맞춰 말하는 민감도다. 그리고 이 민감도야말로, AI가 넘볼 수 없는 인간만의 기술이다.

3

감정 데이터를 읽는
사람의 직관

상대의 표정이 굳는 것을 보고, 말투가 바뀌는 것을 듣고, 대화 속 미묘한 공백을 감지하는 것. 이건 숫자가 아닌 사람만이 읽어낼 수 있는 데이터다. 요즘 많은 기업에서 '데이터 기반 고객 경험(CX)'을 외친다. 고객 설문 결과, 별점, 응답률, 재방문율 등 모든 것을 수치화해 분석하려 한다. 실제로 이 수치는 도움이 된다. 무언가 문제 있다는 '징후'는 빠르게 알려준다. 하지만 정확히 무엇이 문제인지, 그 맥락이 무엇인지는 알려주지 않는다.

결국 중요한 것은 그 숫자 뒤에 있는 감정을 읽는 능력이다. 예를 들어, 고객 응대 후 CS 지표상 불만 비율은 낮았다. 그러나 다시 그 매장으로는 발길이 끊겼다. 데이터만 보면 '문제없음'이다. 하지만 현장 직원은 알고 있다.

"그 손님, 계산할 때 웃지 않았어요. 표정이 굳었고, 말없이 고개만 끄덕였어요."

이건 시스템도, AI도 감지하지 못한다. 사람만이 느끼는 신호다.

직관은 훈련될 수 있다

사람은 누구나 감정 감지 센서를 갖고 태어난다. 하지만 조직에서는 이 능력을 '직관'이라는 이름으로 무시하거나 '비과학적'이라며 배제한다. 하지만 진짜 현장 전문가들은 안다. 가장 정확한 신호는 말보다 표정, 숫자보다 분위기라는 걸. 이 능력은 '감정 데이터를 수집하고 해석하는 직관'이다. 특히 반복적으로 사람을 만나는 현장 직군일수록 이 직관은 날카로워진다. 표정이 1초 늦게 풀린다든가, 말끝에 '근데'가 붙는다든가, 사소한 어휘 변화로 감정을 예측해 낸다.

'감정 데이터'는 표정·톤·속도·눈빛 안에 있다. 우리는 고객의 말에서 문제를 찾으려 한다. 하지만 고객의 말에 정답이 있는 것은 아니다. 고객은 솔직하지 않기 때문이다. 불만이 있어도 말하지 않거나 기분이 나빠도 '괜찮아요'라고 한다. 그렇기 때문에 말 이외의 요소도 관찰해야 한다.

목소리 톤이 달라졌는지, 평소보다 말수가 줄었는지, 시선이 엇갈리는지, 손의 움직임이 불안한지 등 비언어적 감정 데이터는 단순히 눈으로 보기보다 의도를 상상할 수 있는 직관이 있어야 읽힌다.

공감은 '데이터 해석력'이다

공감은 단순한 감정 표현이 아니다. 상대가 표현하지 않은 감정을 먼저 감지하여 그 의도를 정확히 짚어주는 것이다. 예를 들어 고객이 "이거 좀 복잡하네요."라고 했을 때 A 직원은 "그럴 수 있어요. 다음에 오시면 도와드릴게요."라고 응대하고 B 직원은 "복잡하게 느껴지셨군요. 사실 처음엔 다 그렇게 말씀하시더라고요. 바로 도와드릴게요."라고 응대한다. 둘 다 친절하지만, B 직원은 감정과 맥락을 '해석'해서 응답한다. 이 차이가 고객의 기억에 남는다. 이게 바로 감정 데이터를 읽는 직관의 힘이다.

감정은 쌓이고, 누적된 감정은 관계를 만든다

단 한 번의 친절이 고객을 감동시키지 않는다. 단 한 번의 불친절이 바로 이탈로 이어지지도 않는다. 감정은 누적된다. 작은 불편이 반복되면 불만이 되고, 작은 배려가 반복되면 신뢰가 된다. 이런 감정의 누적 흐름을 읽고 다음 행동을 예측하는 것, 이게 바로 '고객 경험'을 다루는 사람의 가장 큰 직무다. 감정을 수치화하지 않고도 읽어내는 능력, 그게 바로 직관이며, AI가 결코 따라올 수 없는 영역이다.

감정을 설계하는 행동 심리 CS

4

디지털 시대의 감정 기반 행동 예측

데이터는 '이탈'을 알려주지만 '왜'는 알려주지 않는다

심리학의 '피크-엔드 법칙'에 따르면 사람은 경험 전체가 아니라 감정의 절정과 마지막 순간을 기억한다. "아무 말도 없이 떠나는 고객이 더 무섭다." 현장 경험 많은 매니저라면 이 말을 이해할 것이다. 컴플레인을 남긴 고객보다 아무 말도 없이 사라진 고객이 훨씬 많고 더 치명적이다. 문제는 그들이 왜 떠났는지를 시스템은 알려주지 않는다는 점이다. 요즘 기업은 고객의 모든 흔적을 숫자로 저장한다. 클릭 수, 이탈률, 구매 전환율, 리뷰 개수, 재방문 주기. 분명한 건 이 데이터들이 '문제'를 알리는 역할은 한다는 점이다. 하지만 중요한 건 그 뒤다. 왜? 왜 떠났을까? 왜 불만을 말하지 않았을까? 왜 이탈했을까? 이 질문에는 아무 숫자도 답해주지 않는다. 이건 사람이 감지해야 하는 감정 기반 행동 예측의 영역이다.

고객의 '마지막 반응'은 감정이다

사람은 '생각'보다 '감정'으로 먼저 반응한다 마음이 상하면 행동을 멈추고, 기분이 좋아야 지갑을 연다. 고객의 클릭도, 대화도, 재방문도 모두 감정의 연장선이다. 그런데 우리가 관리하는 건 늘 '행동'이다 감정은 빠져 있다. 예를 들어, 고객이 상담 후 장바구니에 상품을 담았지만 결제는 하지 않았다. 왜일까? 가격 때문일 수도 있다 하지만 "뭔가 좀 꺼림칙했어" 같은 설명할 수 없는 감정일 가능성도 크다. 이 감정은 데이터에 남지 않는다 그러니까 예측도 못 한다.

감정 기반 행동 예측은 어떻게 가능할까? 우리가 보는 행동에는 '이유'가 있다. 그 이유를 찾아야 다음 행동을 예측할 수 있다 그 핵심은 감정의 흔적이다.

- 고객이 말수가 줄었는가? → 흥미가 식고 있다는 신호
- 고객이 질문을 반복하는가? → 불안하거나 정보가 부족하다는 신호
- 고객이 "복잡하네요"라고 말했는가? → 도움 요청의 감정적 표현

이런 감정 패턴은 경험 있는 직원일수록 더 빠르게 감지한다. 말투의

감정을 설계하는 행동 심리 CS

흐름, 눈빛의 떨림, 표정의 정지된 1초까지. 이건 훈련된 직관이고, '사람만이 가능한 해석'이다 감정을 모르면 마케팅은 추측일 뿐이고, 고객 분석과 마케팅은 대개 행동 데이터를 기준으로 설계된다.

"어떤 버튼을 누르면 이탈이 줄어들까?"

"어떤 문구를 쓰면 구매 전환이 늘어날까?"

하지만 감정을 모르면 다 추측이다.

고객이 왜 반응했는지 모르면 반복도 설계 못 한다. 진짜 전략은 "무엇을 느꼈는가"를 해석하는 데서 시작된다. 고객은 불편을 느꼈을까? 기대에 못 미쳐서 실망했을까? 뭔가 기분 나쁜 느낌을 받았을까? 이 질문에 답할 수 있어야 진짜 CX다. 그래서 디지털 시대일수록 '사람'이 더 중요하다. 데이터는 빠르다. AI는 정확하다. 하지만 고객의 미묘한 감정 변화는 그 어떤 시스템도 감지하지 못한다. '어깨가 처졌다', '말끝이 짧아졌다', '고객이 눈을 피했다' 이런 작은 감정의 흔적을 읽고 대응하는 능력, 이것이 바로 감정 기반 행동 예측의 핵심이며, 이걸 할 수 있는 존재는 사람뿐이다.

"데이터는 떠난 후에 말하지만, 감정은 떠나기 전에 신호를 보낸다."
그 신호를 감지하는 것이 진짜 고객경험(CX)이다.

5

고객 경험의 마지막 장벽, '사람'

기술은 훌륭하지만, 감정을 책임질 수는 없다

"문제 없습니다."

AI 상담이 이렇게 말하면 우리는 안심할까? 기술은 정확하지만 그 말에 '의도'와 '책임'은 없다. 결국 고객은 사람을 찾는다. 마지막에 가서 묻는다.

"이거, 누가 책임지나요?"

기술은 점점 더 똑똑해진다. AI는 사람보다 더 빠르고, 더 많이, 더 정확하게 데이터를 처리한다. 누구보다 논리적이고, 누구보다 멈추지 않는다. 그런데도 고객은 기술을 신뢰하지 않는다. 이유는 간단하다. 책임지지 않기 때문이다. 누군가 말해주길 바란다.

"제가 끝까지 도와드릴게요."

이 말 한마디는 어떤 시스템보다 안심이 된다. 왜일까? 사람은 문제 해결보다 정서적 확신을 원하기 때문이다. 결국, 고객은 사람을 본다. 모든 디지털 경험은 인간의 손을 벗어나지 않는다. 플랫폼, 콘텐츠를 만든 것도, 서비스의 최종 관문에서 '결정'을 내리는 것도 사람이다.

- 감정을 눈치채는 사람
- 애매한 상황을 해석하는 사람
- 미묘한 불만을 먼저 움직이는 사람

이 사람이 CX의 마지막 방어선인데, 이 사람이 무너지면 아무리 정교한 시스템도 무력하다. 고객 경험이 무너지는 순간은 사람에서 시작된다. 고객이 분노하는 순간은 시스템 에러가 아니라, "왜 저렇게 말하지?", "왜 저 표정이지?", "왜 사과를 안 하지?"와 같은 사람의 태도에서 비롯되는 실망 때문이다.

- 고객센터가 대답은 했지만, 무성의했다.
- 매장은 깨끗했지만, 직원은 바빴다.
- 챗봇은 정확했지만, 위로는 없었다.

이런 경험은 기억에 오래 남는다. 그리고 재방문을 막는다.

고객이 기억하는 건 '느낌'인데, 우리는 고객의 기억을 숫자로만 본다. 만족도 92점, 응답속도 12초, 처리율 98%, 하지만 고객이 기억하는 건 이런 수치가 아니다.

"그때 그 직원, 정말 따뜻했어."

"목소리가 너무 날카로워서 기분 상했어."

"나한테만 관심 없는 느낌이었어."

사람은 느낌을 기억하고, 그 느낌이 브랜드를 만든다

결국 남는 것은 사람이다.

- AI도, 챗봇도, 자동화도 고객을 '위로'하지는 못한다.
- 시스템은 논리를 주지만, 신뢰는 사람이 만든다.
- 서비스는 기능이 아니라 감정의 경험이다.

그래서 CS의 마지막 장벽은 사람이다. 그 누구도 대신 설 수 없으니, 내가 나서서 책임지고, 감지하고, 선택해야 한다. 이 자세가 마지막 신뢰를 만든다.

"기술이 고객을 연결하지만, 사람만이 고객을 움직인다."

이 문장이 당신의 현장을 지키는 단 하나의 원칙이기를 바란다.

감정을 설계하는 행동 심리 CS

6

결국,
사람이다

고객 경험의 최전선에는 언제나 사람이 있었다. 시스템은 진화하고 기술은 정확해졌지만, 결정적인 순간에 고객의 마음을 움직이는 건 언제나 '사람의 태도'였다. 불친절한 챗봇보다는 다소 느리더라도 따뜻한 목소리를 원한다. 정확한 정보보다는 마음을 알아주는 말 한마디가 더 큰 영향을 미친다. 기술은 효율을 만들지만, 관계는 신뢰를 만든다. 결국 고객이 다시 찾아오게 만드는 것은 '정서적 연결감'이다. 그 연결의 시작점은 사람이다.

고객은 '기억'이 아닌 '느낌'을 기억한다. 고객은 매장의 청결도, 대기 시간, 메뉴 구성 같은 객관적인 요소보다 자신이 어떻게 느꼈는가를 더 오래 기억한다.

- "기분 좋게 나왔어."
- "말은 친절했는데 어딘가 불편했어."
- "다신 오고 싶지 않아."

이런 말은 시스템으로는 설명할 수 없는 '감정의 흔적'이다. 고객은 자신의 기분을 기준으로 브랜드를 평가한다. 그 감정을 만든 건 결국, 사람의 말투, 표정, 태도였다.

기술은 '도구'일 뿐, 경험을 설계하는 건 사람

아무리 뛰어난 CRM 시스템, AI 상담 기술도 '고객을 위한다'라는 철학과 가치가 없다면 결국 기계적인 응대와 메마른 경험으로 남는다. 고객을 대하는 말의 순서를 바꾸고 표현을 부드럽게 만들며 불만의 진짜 원인을 알아채는 건 시스템이 아니라 사람의 역할이다. 고객 경험의 마지막 장벽은, 결국 '사람'이다.

고객은 브랜드와 거래하는 것이 아니라 브랜드를 대표하는 '사람'과 경험을 나눈다.

AI 시대에도 여전히 통하는 단 하나의 기술. 그건 바로 '사람을 이해하는 기술'이다.

- 감정을 감지하는 눈
- 분위기를 살피는 귀

- 배려를 담는 말투

- 무심한 행동 뒤에 숨은 의미를 읽는 직관

이 모든 건 사람만이 가질 수 있는 경쟁력이다. 그리고 이 경쟁력이 AI 시대에도 돈 버는 CS를 만드는 핵심 자산이다.

> ⊘ 고객은 정보를 기억하지 않는다. 감정을 기억한다.
> 결국, 사람이다.

PART 02

CS의 본질을
다시 묻다

서비스의 크기는
서비스 그릇의 크기로 정해진다

부부싸움을 하면 남편이 사과의 의미로 꼭 데려가는, 특별함이 많은 피자가게가 있다. 입맛이 없을 때 먹으면 다시 입맛이 돌아오는 곳이다. 얼마 전, 특별한 날을 기념하기 위해 습관처럼 피자가게를 방문한 나는 적잖게 놀랐다. 결정장애가 있는 나에게 상황과 기분에 맞게 피자 주문을 도와주던 친절한 직원이 없었다. 직원을 대신하여 테이블 한켠에 자리잡고 있는 키오스크가 있었다. 친절했던 15명 정도의 직원은 7명만 남아 있었고, 나머지 8명은 서빙 로봇이 채웠다. 더 이상 특별하게 느껴지지 않았다. 내게 웃으며 안부를 묻는 직원도, 메뉴를 추천해 주는 직원도 없다는 이유였다. 그리고 약 10년 전 영국 옥스퍼드 대학과 컨설팅 업체 딜로이트가 발간한 '미래 직업 보고서'가 생각났다. 로봇에 일자리를 빼앗길 것으로 예측한 내용이다. 그 내용을 몸소 겪으니 그 얘기가 정확하게 맞았다는 생각이 들었다.

2023년 3월 골드만삭스에서 '인공지능이 경제성장에 미치는 잠재적 영향'이라는 보고서를 공개했다. 보고서에 따르면 현존하는 직업의 2/3, 즉 100명 중 62명이 AI에 노출되어 있다. 이 AI 시스템으로 현재 업무의 1/4을 대체할 수 있다고 했다. 앞으로 시대가 흐를수록 AI와 로봇이 사람의 일자리를 더욱 침범할 것이라는 예상도 정확하게 맞았다. '~할 수도 있을 것이다'라는 예측이 현실이 된 것이었다. 이 사건을 통해 고객 서비스 교육 강사인 나는 서비스의 중요성을 더욱더 강하게 알게 되었다. '어떤 직원을 선택할 것인가?' 내가 강의에서 자주 물어보는 질문이 있다.

> **"본인이 사장이라면 같은 월급을 주는**
> **직원 A와 B중 무엇을 선택하겠습니까?"**

첫 번째 질문

A 직원 : 24시간 근무, 휴가 없음, 주말 근무 가능, 식비 없음

B 직원 : 하루 8시간 근무, 1달에 1번 휴가, 주말 근무 불가능, 식비 원함

첫 번째 질문에서 대부분의 사장은 A 직원을 택한다. B보다 훨씬 더 많은 시간을 일하므로 생산성이 좋다는 이유에서다. 또한 식사 비용과

 감정을 설계하는 행동 심리 CS

항목	A 직원	B 직원
근무시간	24시간 근무	하루 8시간
휴가	없음	월 1회
주말근무	가능	불가능
식비	없음	요구함
성격	사무적, 무표정	자발적, 유쾌한 분위기 메이커
업무방식	지시된 일만 수행	창의적 문제 해결 가능

휴가 급여를 지급할 필요가 없어 확실한 비용 절감이라고 판단한다.

두 번째 질문

A 직원의 성격은 사무적이고 시키는 일만 하며 공감 능력이 없어 웃음이 없다. B 직원은 인간적이고 자발적으로 일하며 웃음을 주기도 하고 웃기도 하며 분위기 메이커 역할을 한다. 두 번째 질문을 추가로 하면 A 직원을 선택했던 사장들은 다시 B를 선택한다. B처럼 인간적이고 자발적으로 일하며 문제를 스스로 해결할 창의성, 문제 해결능력이 있는 직원을 선호하기 때문이다. 게다가 분위기 메이커 역할과 긍정적인 업무 환경 조성은 고객 만족 향상과 장기적인 성과를 위해서라도 B를 선택하게 한다.

단순히 생산성으로만 회사를 운영하지 않는다. 회사는 장기적이어야 하고 더 많은 가치를 제공해야 하므로 B를 선택하는 것이 맞다. CS가 B 직원과 같은 역할을 하는 것이다.

사라지는 직업 중 하나가 CS교육일 것이다. 로봇으로 대체되는 시대가 왔고 실제로 로봇들이 일을 하면서 미래 직업 전문가 또는 CS교육 관련 몇 분들은 고객 서비스 직무도 예외는 아닐 것이라고 말한다. 하지만 나는 그분들에게 강력히 말한다. 더욱 절대적인 분야가 될 것입니다.

사람들이 지금 당장은 편리하고 정확하고 빠른 것을 추구하고 좋아하다 보니 편리하고 정확하면서도 빠른 AI 로봇을 당장 원하는 것 같지만, 결국 '사람'을 선택한 이유는 무엇일까? 이유에는 확실한 공통점이 있다. 바로 사람을 대하는 '태도'와 '마인드'였다.

절대 사라지지 않는 것은 사람의 태도와 마인드

작고 큰 문제가 발생했을 때 유연하게 대처할 수 있는 것이 있다. 진정으로 문제 해결하려는 태도이다. 그리고 상황에 맞는 마인드이다. 그래서 우리는 AI 로봇이 할 수 없는 고객 만족 방법이 담긴 고객 서비스 그릇의 크기를 키워야 한다.

> ⊘ AI 시대에 사라지는 것이 아니라 더 절대적인 분야가 되는 것
> ― CS교육

그릇 키우기

그릇의 넓이를 비교해보자. 넓은 그릇을 가진 사람은 다양한 음식을 담을 수 있다. 즉, 개방성과 유연성을 의미한다. 반면, 좁은 그릇을 가진 사람은 제한된 양의 음식만 담을 수 있다. 새로운 것을 받아들이기 어려워한다. 즉 폐쇄적이고 유연성이 부족한 태도를 의미한다.

이 비유를 CS에 접목해 보면 '그릇'은 고객 서비스를 제공하는 기업이나 직원의 수용력과 유연성을 의미한다. 넓은 그릇을 가진 서비스 제공자는 다양한 고객의 요구와 불만을 수용하고 해결할 수 있다. 이러한 서비스 제공자는 어떤 상황에서도 고객의 요구를 이해하고 적절히 대응할 수 있는 폭넓은 관점을 가지고 있다. 반면 좁은 그릇을 가진 서비스 제공자는 제한된 서비스만 제공하여 새롭거나 예상치 못한 고객의 요구에 유연하게 대응하기 어렵다.

따라서 고객 만족과 고객 서비스의 질을 높이려면 끊임없이 자신의 '그릇'을 넓히려는 노력을 해야 한다. 다양한 고객의 요구와 상황을 이해하고 그에 맞는 서비스를 제공할 수 있는 능력을 개발해야 하는 것이다. 고객 서비스의 그릇을 넓히기 위해서는 지속적인 교육, 고객 피드백에 대한 깊은 분석, 그리고 다양한 상황에서의 유연한 대응 전략 개발이 필요하다.

고객 서비스 그릇의 크기를 키우려면 CS의 의미를 정확히 알아야 한다. CS는 Customer Satisfaction 또는 Customer Service의 줄임말로, 고객 만족 또는 고객 서비스를 의미한다. CS교육을 전담하여 많은 회사와 컨설팅하고 있는 나는 CS란 '고객 만족을 위해 전달하는 모든 서비스의 표현'이라고 말한다. 우리나라는 CS교육이라는 용어가 1980년대부터 사용되었으며, 보다 나은 서비스 품질 향상과 서비스 제공을 위해 서비스 기업에서는 CS교육의 중요성을 인식하고 지속적인 CS교육을 진행하고 있다.

CS 교육을 지속적으로 받으면 얻을 수 있는 놀라운 변화

첫 번째 효과는 CS교육을 통해 고객의 요구 사항을 파악하고 더 잘 응대할 수 있는 능력을 키우며, 고객이 제기한 문제를 효과적으로 해결함으로써 고객 만족도가 향상될 수 있다는 것이다.

두 번째 효과는 만족도 향상을 통해 고객 충성도를 높일 수 있다는 점이다. 고객과의 관계를 장기적으로 유지하고 관리하는 방법 또한 CS교육에 녹여 더욱 체계적이고 확실하게 배우고 실천할 수 있다. 기업의 이미지를 형성하고 보여주는 중요한 요소는 CS이다. 고객이 원하는 서비스를 제공하기 위해 각 기업은 응대 매뉴얼이나 고객 만족 지침서 등을 만들어 고객 만족을 넘어 그 이상의 감동을 주고자 최선을 다해 노력한다. 노력하는 이유는 고객을 위한 서비스를 제공하는 기업이 긍정적인 이미지를 보여줌으로써 기업의 브랜드 이미지를 향상하는 결과를 가져오기 때문이다. 지금 시작한 스타트업도 제대로 된 CS를 제공한다면 이미 앞서가는 경쟁사보다 선택받는 기업이 될 수 있으므로 경쟁 우위를 확보할 수 있다.

세 번째 효과는 CS 교육을 통해 직원들의 전문성과 자신감을 향상할 수 있다는 점이다. 직원들은 기본적인 CS 원칙과 고객 응대 방법, 문제 해결 능력 등을 배우며 서비스 제공에 대한 확신을 갖게 된다. 이를 통해 직원들은 더욱 능동적으로 고객과 소통하고 고객의 요구에 맞춰 신속하고 정확하게 대응할 수 있다. 이러한 변화는 직원들의 직무 만족도를 높이고, 결과적으로 더 나은 고객 경험을 제공하는 데 기여할 수 있다.

직무만족도를 높이는 비밀 무기: CS교육

가장 중요한 것은 CS교육을 통해 직원 간 팀워크를 높이고 소통을 통해 서로를 이해하며 직무 만족에 영향을 미칠 수 있다는 점이다. 직무 만족은 직원의 성과에 직접적인 영향을 주기 때문에 효율적인 기업 운영을 위한 중요성으로 입증되고 있다. 자신의 직무에 만족하지 못하는 직원은 만족하는 사람들보다 업무 효율성이 낮은 것으로 나타났다. 따라서 직무에 불만족한 사람은 직무 환경에 부정적인 태도를 가지는 반면, 직무 만족도가 높은 사람은 직무 환경에 매우 긍정적인 태도를 갖는다. 결국 직무 환경에 대한 태도는 서비스를 제공하는 과정에서 고객에게 전달되므로 직무 만족도를 높이기 위해서라도 CS교육은 매우 중요하다.

이러한 효과를 통해 알 수 있듯이 CS교육은 기업의 성공에 중요한 역할을 한다. CS교육의 궁극적인 목적은 서비스 품질을 유지, 개선, 향상하는 것이다.

CS교육은 대상이나 시점에 따라
교육 방법과 내용이 달라져야 한다

서비스 대상에 따른 서비스 교육을 한다면 고객 접점 직원에게는 소속된 기업이 추구하는 서비스 형태와 기본적인 서비스 제공 능력 및 방법을 중심으로 교육한다. 시점에 따른 서비스 교육을 한다면 신입 입문 교육, 직무 스킬 교육, 직급별/단계별 리더십 교육 등으로 진행한다. 기업 내 서비스 문화의 변화를 두려워하거나 거부한다면 기업의 경영 성공이 어렵다는 것이 CS교육의 핵심이다. 따라서 고객 서비스 그릇의 크기는 직원의 마인드, 직무 만족도, 고객 서비스 제공 방식에 따라 달라진다.

결국 CS는 고객을 향한 우리의 태도이자 기업이 살아남는 방식이다. 당신이 성장하고, 직원이 성장하고, 사업이 성장하고 싶은가? 그럼 이 책에 집중하길 바란다.

CS에 대한
5가지 오해

서비스 교육이 필요한 사람들은 어떤 사람들일까? 강의가 끝나면 고객도 이런 강의를 들었으면 좋겠다는 이야기가 현장에서 자주 들린다. 서비스를 제공하는 사람에게 필요한 교육이 서비스를 제공받는 사람, 즉 고객에게도 필요한 교육인지 생각해 볼 필요가 있다.

CS 교육은 단순 친절 교육이 아니라
관계 맞춤 처방전 교육이다

병원에서 진료 후 약을 받으려면 처방전이 필요하다. 처방전은 의사 등 의료 전문가가 환자의 질병이나 상태를 진단한 후 그에 맞는 약을 사용하도록 지시하기 위해 작성하는 공식적인 문서다. 환자에게 필요한 약물의 종류, 용량, 사용 방법 등을 명시하고, 약사가 이를 바탕으로 정확한 약을 제공할 수 있도록 한다.

처방전 교육은 무엇일까? 처방전 교육이란 단순히 친절하게 대응하는 방법을 넘어 서비스 제공자가 각 고객의 상황과 필요에 맞춤형 서비스를 제공할 수 있도록 하는 전략적인 교육이다. 처방전 교육은 맞춤형 서비스 제공, 문제 해결 능력 향상, 고객과의 관계 강화, 서비스 품질 향상, 직원 만족도 증가 등 다양한 역할과 영향을 가진다. 위드오 컨설팅의 교육은 처방전 교육으로 이루어진다. 위드오 컨설팅은 고객 만족도 향상, 장기적인 고객 관계 구축, 그리고 기업의 지속 가능한 성장에 기여하는 핵심 요소임을 알기 때문이다.

처방전 교육의 유무에 따른 차이점은 무엇이 있을까?

① **서비스의 일관성**: 처방전 교육은 고객의 상황에 맞춰 일관되고 체계적인 서비스를 제공하지만, 처방전 교육을 받지 않은 경우에는 서비스 제공의 일관성이 떨어지고 상황에 따라 대응이 달라질 수 있다.

② **고객 만족도**: 처방전 교육을 받은 경우 고객의 개별 요구에 맞춘 서비스를 제공하여 높은 만족도를 유지할 수 있다. 반면, 받지 않은

감정을 설계하는 행동 심리 CS

경우 일반적인 서비스만 제공하여 고객 만족도가 낮아질 수 있다.

③ **문제 해결 능력:** 다양한 상황에 대한 대처 능력이 높아져 문제 발생 시 신속하고 효과적으로 해결할 수 있도록 돕는 것이 처방전 교육이다. 반면 문제 해결 능력이 부족하면 고객 불만이 계속 증가할 것이다.

④ **고객과의 관계:** 고객과의 관계 형성이 어렵고 일회성 거래로 끝나는 경우가 많다면 처방전 교육이 필요할 때이다.

⑤ **직원 자신감:** 서비스 품질이 낮고 고객을 대할 때 불안하거나 스트레스를 느낀다면 처방전 교육이 절실하다. 자신의 역할에 대해 더 큰 자신감은 물론이고 서비스 제공에 긍정적인 영향을 미칠 것이다.

처방전 교육에 대해 조금 더 구체적인 의미를 알아보자. 친절 교육, CS 교육, 서비스 교육은 모두 같은 교육이라고 생각하는 경우가 많은데, 사실 이 교육들에는 차이점이 있다. 세 가지 교육은 모두 고객 서비스 개선에 중요하지만, 목표와 접근하는 방법은 분명 다르다.

친절교육

개인의 태도와 행동을 개선하여 존중과 이해를 통해 친절한 대인 관계를 형성하는 것이다. 고객뿐만 아니라 동료, 친구, 가족 등 모든 사람에게 친절하게 대하는 방법의 교육이다.

중점: 친절교육은 개인의 태도와 행동에 중점을 둔다. 주로 사람 간의 상호작용에서 예의 바르고 배려 있는 행동을 강조한다. 교육 내용은 주로 감성적이고 인간적인 측면에 초점을 맞춘다.

교육 내용:

- 예의와 매너: 기본적인 인사, 정중한 말투 사용, 상대방의 말을 경청하는 태도.
- 감정 표현: 미소 짓기, 따뜻한 말 한마디 건네기, 공감 능력 키우기.
- 상호작용 기술: 긍정적인 언어 사용, 비언어적 의사소통(눈맞춤, 손짓 등) 기술.

목표: 고객이나 동료와의 관계에서 긍정적이고 따뜻한 분위기를 조성해 전반적인 상호작용의 질을 높이는 것이다.

CS교육 (Customor Satisfaction)

단순히 제품이나 서비스를 판매하는 것이 아니라 고객의 입장에서 생각하고 그들의 만족을 위해 그 이상의 서비스를 제공하여 고객의 만족도를 높이는 교육이다. 고객만족 교육은 고객의 요구 사항을 파악하고 고품질의 서비스를 제공해야 한다. 그래서 고객이 문제 제기를 하거나 다른 요청을 할 경우 신속하게 응대하는 방법을 학습한다. 이러한 교육은 고객과의 장기적인 관계를 구축하고 충성도를 얻는데 매우 중요하다.

중점: CS교육은 고객 서비스 전반에 걸친 전문 지식과 기술 습득에 중점을 둔다. 고객의 요구를 이해하고 충족시키며, 문제를 해결하고 고객 만족도를 높이는 구체적인 방법을 학습한다.

교육 내용:

- 제품/서비스 이해: 자사 제품 및 서비스에 대한 깊은 이해, 주요 특징 및 장점 설명.
- 문제 해결: 고객 불만 처리 방법, 문제 해결 절차, 긴급 상황 대처 방법.
- 고객 응대 기술: 효과적인 커뮤니케이션 기술, 고객의 요구 파악 및 응대 방법, 고객 만족도 조사 및 피드백 반영.

목표: 고객의 요구를 신속하고 정확하게 파악해 만족도를 높이고, 문제 발생 시 효과적으로 대처하여 고객 충성도를 높이는 것이다.

서비스 교육

고객 중심의 사고방식과 탁월한 의사소통 능력을 강조한다. 이를 통해 고객의 요구와 기대를 정확히 파악하고, 그에 따라 효과적으로 서비스를 제공하는 방법을 배우는 교육이다.

중점: 서비스 교육은 서비스 제공 과정 전체를 다루며, 서비스 품질을 높이고 고객 경험을 개선하는 데 중점을 둔다. 서비스 절차와 표준을 준수하는 방법을 교육한다.

교육 내용:

- 서비스 절차: 서비스 제공 과정의 표준화, 서비스 절차와 단계.
- 서비스 품질 관리: 품질 기준 설정 및 유지, 서비스 품질 점검.
- 고객 피드백: 고객 피드백 수집 및 분석 방법, 피드백을 통한 서비스 개선 방안.

목표: 서비스 제공 과정에서 일관된 품질을 유지하고 고객 경험을 지속적으로 개선하여 높은 수준의 서비스를 제공하는 것이다.

교육의 차이점

	친절교육	CS교육	서비스교육
교육 목표	개인의 태도와 행동 개선을 통해 상호작용의 질을 높임.	고객 서비스 전반에 대한 전문 지식과 기술을 습득하여 고객 만족도를 향상시킴.	서비스 제공 과정의 표준화와 품질 관리를 통해 전체적인 서비스 경험을 개선함.
교육 내용	예의, 매너, 감정 표현, 상호작용 기술 등 감성적 측면에 초점.	제품/서비스 이해, 문제 해결, 고객 응대 기술 등 전문적인 서비스 제공 방법에 초점.	서비스 절차, 품질 관리, 고객 피드백 등 서비스 제공 과정 전체에 초점.
적용범위	모든 대인 관계에서 적용 가능, 특히 고객과의 상호작용뿐만 아니라 동료 간의 관계에서도 중요.	주로 고객과의 상호작용에 집중, 고객 만족과 문제 해결을 위한 구체적인 기술과 지식 필요.	서비스 제공 과정 전체에 적용, 서비스 절차와 품질 관리에 중점.

이렇게 친절 교육, CS 교육, 서비스 교육은 각각의 중점과 목표가 다르며, 서로 다른 측면에서 고객과의 상호 작용과 서비스의 질을 향상시키는 데 기여한다.

서비스 교육은 고객에게도 유익하다

서비스 교육은 단순히 조직 내부 개선만을 위한 것이라고 생각하기 쉽지만, 사실 고객에게도 큰 유익을 준다. 고객 만족도가 높아지면 이는 곧 조직의 성공으로 이어진다.

사례: 학원 선생님을 대상으로 한 CS교육

"학원 선생님들이 CS교육을 들으면 변화가 생길까요?" 강의 문의 전화의 첫 질문이었다. 내용은 이랬다. 한 학원에서 주입식 교육이 주된 방식으로 이루어지고 있었다. 학생들은 학습 성과를 올리기 위해 열심히 노력했지만, 학부모와 학생 모두 학원의 전반적인 서비스에 대한 불만이 높아졌다. 학원의 이미지와 학생 유치에 어려움을 겪고 있었던 것이다. 위드오 컨설팅은 '교육도 서비스다'라는 인식하에 학원 선생님들을 대상으로 CS교육을 적극 추천했고 교육 일정을 잡았다. 교육 내용은 다음과 같았다.

교육 내용:

- 학부모와의 소통 방법: 학부모 상담 시 효과적인 커뮤니케이션

기술.

- 학생의 요구 파악: 학생 개개인의 학습 스타일과 필요를 이해하고 맞춤형 교육 제공.
- 문제 해결 능력: 학부모와 학생의 불만 사항을 신속하고 효과적으로 처리하는 방법.

몇 주 뒤 나는 다시 연락을 드려 CS교육 후 어떤 변화가 있었는지 물었다. 사실 교육을 받기 전에는 이런 교육이 굳이 필요할까 생각했다고 한다. CS교육을 받은 학원 선생님들은 학부모 및 학생들과의 소통이 원활해졌고, 학습 성과뿐 아니라 만족도 또한 크게 향상되었다고 한다. 학부모들은 자녀의 학습 진행 상황을 더 잘 이해할 수 있었고, 학생들은 자신에게 맞는 맞춤형 교육을 받고 있다고 전했다. 학원에 대한 신뢰가 높아진 것이다. 이러한 변화는 입소문으로 이어져 새로운 학생 유치에도 큰 도움이 될 것이다. 단순히 학원의 내부적인 문제 해결뿐만 아니라 학부모와 학생들에게도 직접적인 유익을 제공한 것이다. 학부모와 학생들이 더 나은 서비스를 경험함으로써 학습에 대한 만족도와 신뢰도가 높아졌다. 물론 이러한 변화는 학원 선생님들의 행동이 있었기에 가능했다. 교육이 교육으로만 끝나지 않으려면 자발적인 행동이 분명 필요하다. 서비스 교육은 조직 내부의 개선을 넘어 고객에게도 큰 유익을 제공한다. 고객이 더 나은 서비스를 경험하게 되면, 이는 곧 조직의 성공으로 이어지기 마련이다. 위드오 컨설팅은 이러한 변화를 이끌어내며, 다양한 분야에서 고객 만족을 높이는 데 기여하고 있다.

서비스 교육의 원칙을 고객도 알고 이해한다면, 그들의 서비스 경험을 더욱 향상시킬 수 있다. 그 원칙으로는 '고객 중심의 사고방식'과 '탁월한 의사소통 능력', '이해와 존중'이 있다. 이것은 모든 상호작용에서 중요한 역할을 한다. 고객 중심의 사고 방식을 가진 고객은 서비스 제공자의 입장을 이해하고, 그에 따라 더욱 협력적이고 유연한 태도를 가질 수 있다. 이는 서비스 제공자와 고객 사이의 불만 간극을 줄이고, 더욱 원활한 서비스 경험을 제공할 수 있다. 또한 탁월한 의사소통 능력은 고객이 자신의 요구 사항을 명확하게 전달하고 서비스 제공자와의 상호 작용을 개선하는 데 도움이 된다. 이는 고객이 원하는 서비스를 더욱 정확하고 효율적으로 받을 수 있게 한다. 또한 이해와 존중을 통해 고객이 서비스 제공자의 입장을 이해하고 그들의 노력을 인정하면, 서비스 경험이 더욱 긍정적으로 인식된다. 서비스를 제공하는 사람뿐만 아니라 받는 사람 모두가 서로를 이해하고 존중하는 좋은 서비스 문화를 만드는 데 기여할 수 있다는 것을 의미한다.

고객 만족과 고객 서비스는 기업의 성장과 매출 증대에 중요한 요소이므로 지속적인 서비스 교육이 필요하다. 하지만 잘못된 편견과 오해로 인해 그 중요성이 뒷전이 되는 경우도 발생한다. 고객 만족, 고객 서비스에 대한 편견은 다양하게 존재하며, 이로 인해 기업이 고객 만족을 제대로 이해하고 향상시키는 데 어려움을 겪을 수 있다.

흔히 발생하는 고객 서비스 및 고객 만족에 관한 오해 5가지를 정리해 보았다.

CS 오해 ① 고객 서비스의 만족은 높을수록 항상 좋다

고객 만족도는 중요하지만, 때로는 과도한 고객 만족은 기업에 부담을 줄 수도 있다. 합리적인 수준의 고객 만족을 유지하는 것이 중요하다. 고객은 현재의 만족에서 그치지 않는다. 그 이상의 이상을 바라는게 고객의 심리다. 만족의 기준을 높이기보다 깊이 있게 제공하는 것이 중요하다.

CS 오해 ② 고객 만족은 제품이나 서비스의 품질로만 결정된다

제품이나 서비스의 품질은 중요하지만, 고객 만족에는 기업의 서비스 태도, 응대 방법, 의사소통 능력 등도 큰 영향을 준다. 고객은 이제 더 이상 결과로만 만족하지 않는다. 경험의 과정을 통해 만족을 만들어 간다.

CS 오해 ③ 고객 서비스는 단지 고객의 불만을 처리하는 것이다

고객의 불만을 처리하는 것은 고객 서비스의 일부일 뿐 전부는 아니다. 고객 서비스는 고객의 경험과 만족도를 높이는 방향으로 진행되어야 한다. 단순히 불만 해결에 그칠 것이 아니라, 고객이 원하는 것을 찾아 서비스를 제공해야 한다.

CS 오해 ④ 모든 고객의 피드백이 중요하다

고객의 피드백은 중요하지만, 모든 피드백이 기업의 전략적 결정에 영

향을 줄 필요는 없다. 피드백의 우선순위를 정하고, 중요한 피드백에 집중하는 것이 중요하다. 고객 만족을 높이기 위해서는 우선적으로 해결해야 할 사항을 찾아내는 것이 필요하다.

CS 오해 ⑤ 모든 고객은 동일한 서비스를 원한다

고객마다 필요한 서비스와 기대하는 수준 및 유형은 다르다. 서비스 제공자는 이를 인식하고 고객의 개별적인 요구와 선호를 이해하여, 각 고객에게 맞는 서비스를 제공해야 한다. 고객이 다른 고객과의 서비스를 비교하는 것은 동일한 서비스를 제공하지 않아서가 아니다. 자신이 원하는 서비스를 제공받지 못했기 때문이다.

이러한 편견은 고객 만족을 제대로 이해하고 향상시키는 데 방해가 될 수 있다. 이러한 편견을 이해하고 극복하는 것이 고객 만족 향상에 중요하다. 고객 만족은 기업의 성장과 직결되는 중요한 요소이기 때문에, 올바른 이해와 실행이 필요하다. 이를 통해 기업은 보다 효과적인 고객 서비스 및 고객 만족 전략을 수립하고 실행할 수 있다.

▶▶ **3** ◀◀

서비스 그릇을 만드는
사람은 따로 있다

서비스를 잘하는 사람은 대부분 친절한 사람이다. 그럼 친절하지 않은 사람은 서비스를 할 수 없을까? 먼저 친절의 의미에 대해 잠깐 살펴보자. 사전적 의미로는 대하는 태도가 매우 정겹고 고분고분하다고 정의되어 있다. 이런 의미로 다시 정리해 보자면, 서비스는 고분고분한 사람이 잘한다는 것이다. 동의하는가? 서비스를 제공받을 때 고객이 느끼는 친절은 그 기준이 주관적이다. 같은 서비스를 받아도 누군가는 친절함을 누군가는 부담감을 느끼기 때문이다. 하지만 그 친절한 행동은 정도의 차이일 뿐, 표현을 잘하지 못하는 내성적인 사람도 타인에게 감사받기를 원한다.

친절은 상대방을 배려하는 성의 있는 표현이다

다른 사람을 이해하려는 노력과 존중하는 마음은 결국 친절로 표현된다. 친절은 이처럼 많은 의미와 가치를 내포하고 있다. 그리고 이런 성의 있는 모습은 결국 나의 가치로 표현된다. 상대방을 성의 있게 대하는 자세, 고객을 성의 있게 대하는 자세, 그리고 나 자신을 성의 있게 대하는 자세를 갖추는 게 친절함이다. 그래서 친절해지기 위한 습관이 필요하다. 이런 습관이 왜 필요할까? 상대방에게 친절하게 행동하면 관계가 좋아진다. 관계가 좋아지면 소통이 잘되고, 소통이 잘되면 대인 관계에서 오는 스트레스가 줄어든다. 그럼 내가 일하는 환경에 긍정적인 영향을 주고 결국 나에게 좋은 영향을 준다. 친절하게 행동하는 사람 주변엔 친절한 사람들이 있다. 그 에너지와 기운이 전달되기 때문이다. 건강한 인간관계를 유지할 수 있는 이유이다.

특히 서비스를 제공하는 전문 분야에서는 고객과 더 좋은 인간관계를 맺을 수 있고, 서비스 제공을 즐기며 스스로에게 만족감을 느낄 수 있다. 그로 인해 자존감이 높아지고 동기 부여를 받게 된다. 이처럼 서비스 그릇을 빚는 사람은 친절이라는 좋은 재료를 가지고 있어야 한다.

서비스와 친절은 습관을 만드는 것이다

상대방 또는 고객에게 친절하기 위해서는 나 자신에게도 친절해야 한다. 친절은 성의 있는 자세를 갖추도록 습관을 만드는 것이다. 그 습관은 다음과 같다.

습관 1. 보여주기 전에 먼저 들어라

친절하기 위해, 좋은 서비스를 제공하기 위해 행동하기 전에 먼저 해야 하는 것은 듣는 것이다. 상대방이 원하는 것이 무엇인지를 정확히 알기 위해서는 들어야 한다. 그래야 만족할 수 있는 친절한 서비스를 제공할 수 있다. 친절함을 부담스러워하는 고객은 친절함 자체를 부담스러워하는 것이 아니다. 고객의 말을 듣기보다는 잘 보이고 싶은 서비스 행동을 먼저 하기 때문이다. 보이기 위한 서비스나 친절이 아닌 고객의 말에 귀를 기울이는 것이 성의 있는 자세를 갖추는 습관의 첫 번째이다.

습관 2. 이해하지 말고 공감하라

좋은 서비스를 제공하고 친절하기 위해서는 상대방의 입장과 생각을 먼저 이해하라고 말한다. 하지만 상대방을 이해하기는 쉽지 않다. 이해하기 위해서는 상대방의 감정을 진심으로 받아들이는 것이 중요하다. 상대방의 생각이나 감정의 본질에 대해 깊이 이해하는 것이 아니다. 그들이

감정을 설계하는 행동 심리 CS

느끼는 감정에 공감하고 인정하라는 의미이다. 이해는 상대방의 상황이나 감정을 머릿속으로 파악하거나 설명하는 것을 의미하며, 상대방의 감정을 객관적으로 바라보고 논리적으로 분석하려는 것이다. 즉, 이해는 객관적인 분석을 통해 이루어지지만, 그 과정에서 상대방의 진심인 감정이나 고통이 무시될 수 있으며, 내면적인 감정을 완전히 이해하지 못할 수도 있다. 공감은 상대방의 감정을 그대로 받아들이고 그 감정을 함께 느끼는 것을 의미한다. 즉 상대방이 어떤 감정을 느끼는지를 인정하고, 그 감정에 대한 존중을 표현하는 것이다.

따라서 '이해하지 말고 공감하라'는 말은 상대방의 감정을 객관적으로 분석하거나 판단하는 것이 아니라, 그 감정을 진심으로 받아들이고 함께 느끼는 것이 중요하다는 것이다. 이 습관이야말로 상대방에 대한 진정한 존중과 이해를 표현하는 가장 효과적인 행동이다.

습관 3. 진실 되게 칭찬하라

친절한 서비스는 고객의 만족도를 높이고, 친절한 행동은 고객에게 긍정적인 경험을 제공한다. 이는 칭찬으로 경험을 인정하게 만들고, 이러한 칭찬은 다시 서비스 제공자의 동기를 높여 더욱 우수한 서비스를 제공하게 한다. 이는 기업이 고객 만족도를 높이고 고객 충성도를 증가시키는 데 중요한 요소가 된다. 칭찬은 단순히 상대방의 기분을 좋게 하려는 표현이 아니라, 구체적이고 진심으로 표현해야 한다. 그러기 위해서는 긍정적인 마음으로 상대방을 잘 관찰해야 한다. 진실되게 칭찬하는 것은 상대방의 행동을 인정하고 진심으로 칭찬하는 것을 의미한다. 이러한 칭찬은 상대방에게 더 큰 동기 부여를 제공하며, 그들의 자존감과 자신감을 높이는 데 도움이 된다.

이 세 가지 습관을 잘 만들고 실천하는 사람이 바로 성의 있는 자세를 갖춘 친절한 서비스를 제공하는 사람이다. 서비스의 그릇을 빚는다는 건 스스로 긍정적인 습관을 만들고 실천하는 것이다.

4

서비스의 본질은
태도다

우리의 모든 활동은 '자세'에서 시작되어 '자세'로 완성된다

인생에서 우리는 수많은 결정을 내리고, 그 결정은 우리 자세에 깊이 영향을 준다. 공부를 할 때, 어떤 자세가 필요한가? 단순히 책을 보거나 강의 영상을 보는 것 이상의 행동이 요구된다. 집중력, 꾸준함이 바로 그것이다. 일을 할 때도 마찬가지다. 단순히 주어진 일을 처리하는 것을 넘어, 창의적으로 생각하고 책임감을 가지며 팀워크를 발휘하는 자세가 중요하다. 이처럼 우리의 모든 활동은 '자세'에서 시작되어 '자세'로 완성된다.

자세는 단순히 신체적 포즈를 넘어 우리의 의지, 태도, 그리고 마음가

짐을 포함하는 개념이다. 이는 우리가 세상을 대하는 방식을 결정짓고, 결국 우리 성공과 만족에 큰 영향을 끼친다. 이런 점에서 자세는 단순히 행동양식을 넘어서, 우리 삶의 질을 결정짓는 핵심 요소가 된다.

이와 같은 자세가 개인의 성장과 발전에 중요한 역할을 하는 것처럼 고객 서비스 분야에서도 '서비스 그릇을 빚는 자세'는 매우 중요하다. 우리는 늘 선택을 하며 살아간다. 그리고 그 선택이 긍정적인 결과이길 바란다. 그럼 고객이 우리 서비스를 선택하는 이유는 무엇일까? 선택의 이유를 만드는 것이 바로 서비스 자세이다. 도자기 그릇도 터치에 따라 모양이 달라지듯, 서비스를 표현하는 자세에 따라 고객의 반응은 달라진다. 서로 만족할 수 있는 서비스 그릇을 빚기 위해서는 서비스를 표현하는 자세를 다듬어야 한다.

서비스를 표현하는 자세는 고객의 오감을 통해 다양한 방식으로 경험된다

고객이 경험하는 서비스는 오감을 통해 인지하는 모든 요소로 형성된다. 각 감각은 서비스의 질을 평가하고 긍정적인 기억을 남기는 데 중요한 역할을 한다. 오감을 통해 표현하는 서비스 자세에 대해 알아보자.

1. 시선으로 펼쳐지는 서비스

직원의 시각적 요소는 고객에게 첫인상을 좌우한다. 그래서 직원 외모가 중요하다. 여기서 말하는 외모는 단순히 예쁘거나 잘생긴 것을 의미하지 않는다. 직원이 갖춰야 할 복장, 표정, 청결 등 외적인 모습을 갖추는 것을 말한다. 복장은 업무에 적합하고 기업의 브랜드 정체성을 반영한 것을 착용해야 한다. 이는 전문성과 통일성을 보여주어 고객으로부터 신뢰를 얻을 수 있기 때문이다. 그리고 깨끗하고 청결한 모습을 유지한다. 복장은 기업 이미지를 보여주는 드레스코드다. 사람은 복장에 따라 걸음걸이, 행동, 자세, 제스처 등이 달라진다. 고급 레스토랑 입구에서 맞이하는 직원, 5성급 호텔 로비 직원의 모습을 떠올려보면 이해될 것이다.

2. 소리에 귀 기울이는 서비스

긍정적인 서비스 분위기를 조성하는 것은 고객의 청각적 경험이다. 고객을 환영하는 따뜻한 인사와 명확한 발음, 고객의 요구에 주의 깊게 귀 기울이는 모습, 문제 발생 시 진정성 있고 침착한 음성으로 문제를 해결하려는 적극적인 응대 태도 등은 청각적 서비스 자세를 표현하는 방법이다. 인사는 따뜻하고 명확한 목소리로 고객을 맞이하여 고객이 환영받고 있다고 느끼게 해야 한다. 음성 톤과 속도는 친절하고 이해하기 쉽게 말해야 하며, 고객의 질문에 명확하고 전문적으로 답변해야 한다. 또한 불필요한 소음은 최소화하여 고객이 서비스에 집중할 수 있도록 해야 한다.

3. 직접적인 터치를 통한 서비스

직접적인 물리적 접촉은 고객의 기억에 남는다. 고객과의 악수나 가벼운 팔 터치는 적절한 상황에서 친근함을 전달할 수 있으며, 매장의 온도, 공간의 배치, 편안한 좌석 제공 등으로 고객이 물리적으로 편안함을 느낄 수 있도록 해야 한다. 이는 고객이 서비스를 경험하는 방식과 고객 만족도에 영향을 미치기 때문이다. 이처럼 촉각을 통한 서비스 자세는 고객에게 제공하는 체험의 질을 향상시키는 데 중요한 역할을 하며, 직접적인 물리적 경험을 통해 서비스 품질을 평가하는 데 기여한다.

4. 미각을 통한 서비스

강력한 기억을 남기고 재방문 유도에 결정적이므로, 맛의 경험을 제공하는 서비스가 중요하다. 특히 음식 관련 서비스에서는 매우 중요한 요소이다. 시음이나 시식을 통해 제품의 맛을 경험할 기회를 제공하기 때문이다. 하지만 미각을 통한 서비스 자세는 음식 서비스에만 해당될까? 대기 시간이나 서비스 이후에 고객에게 음료나 간단한 간식 등의 무료 서비스를 제공하여 친절함을 표현하는 것이 미각을 통한 서비스 자세를 보여주는 것이다.

5. 향기를 통해 전달하는 서비스

후각은 강력한 감정과 기억을 불러일으킨다. 며칠 전 미팅 장소였던 카페를 떠올릴 때 나는 냄새, 친구 선물을 사려고 들렀던 백화점 화장품 코너를 떠올릴 때의 냄새처럼, 우리의 기억 속에는 향기도 함께 남아 있다. 따라서 서비스 공간에는 쾌적하고 상쾌한 향기를 유지하고, 필요한 경우 브랜드의 시그니처 향을 사용하여 고객의 기분을 좋게 하고 브랜드를 떠올릴 때 기억에 남도록 한다. 무엇보다 청결한 환경을 유지하여 나쁜 냄새가 나지 않도록 주의해야 한다. 청결한 냄새는 위생적인 환경을 반영하여 고객에게 안심감을 주기 때문이다. 또한 직원은 과하지 않은 적절한 향수를 사용하여 직원 개인 위생은 물론 서비스 전반의 분위기를 향상시킬 수 있다. 이것이 바로 후각을 통한 서비스를 표현하는 자세이다.

이처럼 오감을 통해 서비스 자세를 표현함으로써 직원은 고객에게 전문적이고 긍정적인 이미지를 전달하는 데 기여한다. 고객은 단순한 서비스를 넘어 감각적으로 풍부한 경험을 하게 되며, 이는 전반적인 서비스 품질에 대한 인식에 큰 영향을 준다. 이러한 경험은 브랜드에 대한 긍정적인 기억과 고객 만족도를 높여 고객이 다시 찾고 싶어 하는 서비스로 만들어준다. 결국 고객 경험의 큰 차이를 만드는 것은 서비스를 표현하는 자세이다.

5

고객 행동 패턴에
맞추지 말라는 말의 진실

'모든 고객은 소중합니다'라는 말은 이제 식상하다. 진정으로 고객을 소중하게 생각한다면, 단 한 사람만 생각하라. 고객 한 명 한 명이 가진 고유한 특성과 행동 패턴을 이해하고, 고객 한 사람에게 맞는 맞춤형 서비스를 제공해야 한다. 이 부분은 내가 CS 교육에서 중요하게 전달하는 메시지이기도 하다. 마치 퍼즐 조각처럼 다양한 모습을 가진 고객에게 딱 맞는 조각을 찾아주는 것과 같다.

왜 모든 고객이 다를까? 우리는 모두 다른 환경에서 자라났고, 다른 경험을 쌓아왔으며, 다른 가치관을 가지고 있다. 따라서 제품이나 서비스를 선택하고 소비하는 방식 또한 다를 수밖에 없다 마치 지문처럼 고객 한 명 한 명에게는 고유한 소비 행동 패턴이 존재하는 것이다. 또한 모든 고객에게 동일한 방식으로 접근하는 획일적인 서비스는 고객 만족도를 저하시키고 기업 성장을 저해하는 결과를 초래할 수 있다. 마치 모든 사람에게 같은 옷을 입히려고 하는 것과 같다. 아무리 좋은 옷이라도 모든 사람에게 잘 어울릴 수 없듯이, 획일적인 서비스는 고객의 다양한 니즈를 충족시키지 못한다.

고객 행동 패턴 유형별 맞춤 서비스 전략

모든 고객은 각자 고유한 성격과 가치관을 가지고 있으며, 이는 곧 그들이 제품이나 서비스를 선택하고 소비하는 방식에 직접 영향을 미친다. 마치 지문처럼 고객 한 명 한 명에게는 고유한 소비 행동 패턴이 존재하는 것이다. 따라서 성공적인 고객 서비스를 위해서는 고객의 다양한 행동 패턴을 정확하게 파악하고, 이에 맞는 맞춤형 전략을 수립해야 한다.

1. 꼼꼼형 고객: 정보의 깊이를 중시하는 분석가

꼼꼼형 고객은 제품이나 서비스에 대한 정보를 꼼꼼히 비교 분석하고 신중하게 구매 결정을 내리는 특징이 있다. 이들은 제품의 상세 스펙, 품질 보증 기간, 가격 비교 등 다양한 정보를 요구하며 충분한 정보 없이는 쉽게 구매하지 않는다.

특징:

- 정보 탐색: 다양한 채널을 통해 제품 정보를 수집하고 비교 분석
- 신중한 의사 결정: 충분한 정보를 바탕으로 신중하게 구매 결정
- 전문성: 제품에 대한 전문적인 지식을 갖추려는 경향

맞춤 전략:

- 상세한 제품 정보 제공: 제품 스펙, 기능, 장단점 등을 명확하게 제시
- 비교 분석 자료 제공: 경쟁 제품과의 비교 분석 자료를 제공하여 합리적인 선택을 돕도록 함
- 전문적인 상담: 제품에 대한 전문적인 지식을 갖춘 상담원을 배치하여 맞춤형 상담 제공
- 체험 기회 제공: 시제품 체험, 샘플 제공 등을 통해 직접 제품을 경험할 수 있는 기회 제공

2. 충동형 고객: 감성에 이끌리는 즉흥적인 소비자

충동형 고객은 순간적인 감정이나 욕구에 이끌려 구매 결정을 내리는 경향이 있다 새로운 제품이나 트렌디한 아이템에 대한 호기심이 강하며, 할인이나 프로모션에 민감하게 반응한다.

특징:

- 감성적 구매: 감성적인 매력에 이끌려 구매 결정
- 충동적인 소비: 계획 없이 즉흥적으로 구매

- 새로운 것에 대한 호기심: 새로운 제품이나 서비스에 대한 관심이 높음

맞춤 전략:

- 한정판, 시즌 상품: 희소성을 강조한 한정판 상품이나 시즌 상품을 출시하여 구매 욕구를 자극
- 할인, 프로모션: 다양한 할인 혜택과 프로모션을 제공하여 구매를 유도
- 시각적인 자극: 매력적인 디자인, 화려한 광고 등 시각적인 요소를 활용하여 구매 욕구를 높임

3. 관계형 고객: 브랜드와의 유대감을 중시하는 충성 고객

관계형 고객은 브랜드와의 관계, 직원과의 친밀감 등을 중요시하며 특정 브랜드에 대한 충성도가 높습니다. 이들은 단순히 제품이나 서비스를 구매하는 것을 넘어 브랜드의 가치를 공유하고 브랜드 커뮤니티에 참여하고 싶어 합니다.

특징:

- 브랜드 충성도: 특정 브랜드에 대한 강한 애착
- 개인적인 관계: 브랜드와의 개인적인 관계를 형성하려는 욕구
- 커뮤니티 참여: 브랜드 커뮤니티에 적극적으로 참여

맞춤 전략:

- 개인화된 서비스: 고객의 이름을 기억하고, 맞춤형 혜택을 제공

- 친절하고 전문적인 상담: 고객의 질문에 친절하게 응대하고, 전문적인 상담을 제공

- 커뮤니티 활동 지원: 온라인 커뮤니티, 오프라인 모임 등을 통해 고객과의 소통을 강화

4. 가치형 고객: 가격 대비 성능을 중시하는 합리적인 소비자

가치형 고객은 제품의 가격 대비 성능, 품질, 브랜드 이미지 등을 종합적으로 고려해 구매 결정을 내립니다. 이들은 단순히 저렴한 제품보다는 가격 대비 높은 가치를 제공하는 제품을 선호합니다.

특징:

- 합리적인 소비: 가격 대비 성능을 중시

- 정보 탐색: 다양한 제품을 비교 분석하여 최적의 선택을 함

- 브랜드 이미지: 신뢰할 수 있는 브랜드를 선호

맞춤 전략:

- 가격 경쟁력: 경쟁 제품 대비 합리적인 가격 설정

- 품질 보증: 제품의 품질에 대한 확신을 제공

- 브랜드 스토리: 브랜드의 가치와 철학을 전달하여 신뢰감 형성

고객 행동 유형별 맞춤 서비스 전략 및 시스템 구축 가이드

고객 행동 패턴은 다양하게 나타나며, 각 유형에 맞는 서비스 전략을 통해 고객 만족도를 높이고 충성 고객을 확보할 수 있다. 따라서 성공적인 고객 서비스를 위해서는 고객의 다양한 행동 유형을 정확하게 파악하고, 이에 맞는 맞춤형 전략을 수립해야 한다. 아래는 대표적인 고객 유형별 자주 사용하는 표현과 맞춤 서비스 전략, 그리고 이를 위한 시스템 구축 방법을 제시한다.

1. 꼼꼼형 고객: 정보의 깊이를 중시하는 분석가

자주 사용하는 표현:

- "다른 제품과 비교했을 때 어떤 점이 좋은가요?"
- "이 제품의 상세 정보를 알려주세요."
- "혹시 이 제품에 대한 전문가의 의견을 들을 수 있을까요?"

맞춤 서비스 전략:

- 상세 정보 제공: 제품 상세 페이지에 고객이 원하는 모든 정보를 명확하고 상세하게 제공한다. 텍스트뿐만 아니라 이미지, 동영상, 3D 모델 등 다양한 형태의 콘텐츠를 활용해 직관적인 이해를 돕는다.
- 비교 분석 자료 제공: 경쟁 제품과의 비교 분석 자료, 전문가 리뷰, 고객 후기를 제공하여 고객이 합리적인 선택을 할 수 있도록 지원

한다.

- 전문 상담 서비스 제공: 제품에 대한 전문 지식을 갖춘 상담원을 배치하여 고객의 질문에 상세하고 정확하게 답변한다. 실시간 채팅, 전화 상담, 이메일 상담 등 다양한 채널을 통해 편리하게 상담을 받을 수 있도록 한다.

시스템 구축:

- FAQ 및 지식 베이스 구축: 자주 묻는 질문과 답변, 제품/서비스 관련 상세 정보를 담은 지식 베이스를 구축하여 고객이 스스로 정보를 찾도록 지원한다.
- 실시간 채팅 상담 시스템 구축: 궁금한 점이 생겼을 때 바로 상담원과 연결되어 즉각적인 답변을 얻을 수 있도록 실시간 채팅 상담 시스템을 구축한다.
- 전문 상담 예약 시스템 구축: 심층적인 상담이 필요한 경우 전문 상담원과의 상담을 예약할 수 있는 시스템을 구축한다.

2. 충동형 고객: 감성에 이끌리는 즉흥적인 소비자

자주 사용하는 표현:

- "지금 바로 구매하고 싶어요!"
- "할인 혜택은 없나요?"
- "이 제품 지금 당장 필요한데, 빠른 배송 가능한가요?"

감정을 설계하는 행동 심리 CS

맞춤 서비스 전략:

- 간편 결제 시스템 구축: 복잡한 절차 없이 간편하게 결제할 수 있는 시스템을 구축하여 구매를 촉진합니다.
- 할인 및 프로모션 제공: 한정판 상품, 시즌 상품, 할인 쿠폰 등 다양한 프로모션을 통해 구매 욕구를 자극합니다.
- 빠른 배송 서비스 제공: 당일 배송, 새벽 배송 등 빠른 배송 서비스를 통해 즉각적인 만족감을 제공합니다.

시스템 구축:

- 원클릭 결제 시스템 구축: 클릭 한 번으로 결제를 완료할 수 있는 간편 결제 시스템을 구축합니다.
- 개인 맞춤형 프로모션 시스템 구축: 고객의 구매 이력, 검색 기록 등을 분석하여 개인 맞춤형 프로모션을 제공합니다.
- 실시간 재고 및 배송 정보 제공 시스템 구축: 고객이 제품 재고 및 배송 현황을 실시간으로 확인할 수 있도록 시스템을 구축합니다.

3. 관계형 고객: 브랜드와의 유대감을 중시하는 충성 고객

자주 사용하는 표현:

- "이 브랜드를 좋아해요. 항상 이용하고 있어요."
- "저번에 상담해주신 직원분 정말 친절하셨어요."
- "이 브랜드 커뮤니티에 참여하고 싶어요."

- 개인화된 서비스 제공: 고객의 이름을 기억하고 과거 구매 이력을 바탕으로 맞춤형 상품을 추천

- 친절하고 전문적인 상담 제공: 고객의 질문에 친절하게 응대하고 전문적인 상담으로 만족도를 높임

- 커뮤니티 활동 지원: 온라인 커뮤니티, 오프라인 모임 등으로 고객과의 소통을 강화하고 브랜드에 대한 충성도를 높임

시스템 구축:

- CRM 시스템 구축: 고객 정보, 구매 이력, 상담 내용 등을 통합 관리하여 개인 맞춤형 서비스를 제공

- 로열티 프로그램 관리 시스템 구축: 포인트 적립, 등급별 혜택 제공 등 로열티 프로그램을 운영해 고객 충성도를 높임

- 커뮤니티 플랫폼 구축: 고객들이 자유롭게 소통하고 정보를 공유할 수 있는 커뮤니티 플랫폼을 구축

4. 가치형 고객: 가격 대비 성능을 중시하는 합리적인 소비자

자주 사용하는 표현:

- "가격이 좀 비싼 것 같아요. 할인은 안 되나요?"

- "이 제품 품질은 어떤가요? A/S는 잘 되나요?"

- "이 브랜드는 어떤 가치를 추구하나요?"

맞춤 서비스 전략:

- 합리적인 가격 설정: 경쟁 제품과 비교하여 합리적인 가격을 설정하고, 다양한 할인 혜택을 제공

- 품질 보증 및 A/S 강화: 제품 품질에 대한 자신감을 보여주고, 철저한 A/S 정책을 통해 고객의 신뢰를 확보

- 브랜드 스토리 강조: 브랜드의 철학, 가치, 사회적 책임 등을 적극적으로 홍보하여 브랜드 이미지를 제고

시스템 구축:

- 가격 비교 시스템 구축: 경쟁 제품과 가격 비교 정보를 제공하여 고객의 합리적인 선택을 돕는다.

- A/S 접수 및 처리 시스템 구축: 간편하고 빠른 A/S 접수 및 처리 시스템을 구축하여 고객 편의를 증진한다.

- 브랜드 스토리 콘텐츠 제작 및 배포 시스템 구축: 브랜드 스토리를 담은 다양한 콘텐츠를 제작하여 SNS, 블로그 등을 통해 적극적으로 배포한다.

까다로운 고객, 맞춤 서비스로 사로잡다

콧대 높기로 유명한 패션 브랜드 B사에는 유독 까다로운 고객 김 씨가 있었다. 김 씨는 매장에 들를 때마다 직원들을 곤란하게 만들었다. 어

떤 옷도 그의 마음에 들지 않았고, 직원들의 추천에도 시큰둥한 반응을 보였다. 직원들은 김 씨를 '안 되는 고객'으로 분류하고 그의 방문에 마음을 졸이기 일쑤였다. 하지만 B사의 CS 전문가 이 씨는 달랐다. 그는 김 씨의 행동 패턴을 면밀히 관찰했다. 김 씨는 옷의 디자인뿐 아니라 소재, 봉제 방식, 브랜드 철학까지 꼼꼼하게 따지는 '꼼꼼형' 고객이었다. 이 씨는 김 씨에게 단순히 옷을 판매하는 것이 아니라, 그의 높은 기준을 만족시키고 신뢰를 얻어야 한다는 것을 깨달았다.

이 씨는 김 씨에게 먼저 다가가 그의 취향과 니즈를 파악하기 위한 질문을 던졌다. 김 씨는 원하는 옷에 대한 구체적인 설명과 함께 B사의 브랜드 철학에 대해 깊이 있는 질문을 했다. 이 씨는 김 씨의 질문에 성심성의껏 답변하며 B사의 장인 정신과 품질에 대한 자부심을 전달했다. 또한, 김 씨의 취향에 맞는 옷을 몇 가지 추천하며 옷의 소재와 봉제 방식에 대한 상세한 설명도 덧붙였다. 김 씨는 이 씨의 전문적인 설명과 진심 어린 태도에 감동했다. 그는 B사의 옷을 구매했을 뿐만 아니라, 이 씨와의 상담 내용을 자신의 SNS에 공유하며 B사의 서비스를 칭찬했다. '안 되는 고객'이었던 김 씨는 B사의 '충성 고객'이 되었고, 이 씨는 그의 숨은 가치를 발견하여 맞춤형 서비스를 제공함으로써 불가능을 가능으로 바꾸었다.

고객은 저마다 다른 색깔을 지닌 보석과 같다. 어떤 고객은 겉으로 보기에 까다롭고 다루기 어려워 보일 수 있다. 하지만 그들의 행동 패턴을 이해하고 맞춤형 서비스를 제공한다면, 그들은 기업에 가장 소중한 자산이 될 수 있다. 섣불리 '안 된다'고 말하기 전에, 고객의 마음을 움직일 수 있는 특별한 경험을 선사해 보자. 고객의 숨겨진 가치를 발견하고, 그들의 기대를 뛰어넘는 서비스를 제공하는 순간, 기적 같은 변화가 시작될 것이다.

맞춤 서비스, 고객 감동을 선사하다

한 온라인 쇼핑몰은 고객 행동 패턴 분석을 통해 맞춤형 서비스를 제공하여 큰 성공을 거두었다. 꼼꼼한 고객에게는 제품 상세 페이지에 다양한 정보와 비교 분석 자료를 제공하고, 전문 상담 서비스를 운영하여 구매 결정을 도왔다. 충동형 고객에게는 할인 혜택과 함께 간편한 결제 시스템을 제공하여 구매를 유도했다. 관계형 고객에게는 개인 맞춤형 상품 추천과 함께 생일 쿠폰, 감사 메시지 등을 통해 특별함을 선사했다. 가치형 고객에게는 합리적인 가격과 품질 보증 정책을 통해 신뢰를 얻었다.

이러한 노력 덕분에 쇼핑몰은 고객 만족도를 높이고 재구매율을 향상시키는 성과를 얻을 수 있었다. 고객들은 "내가 원하는 것을 정확히 알고 제공해주는 쇼핑몰", "친절하고 세심한 서비스에 감동했다" 등의 긍정적인 반응을 보였다.

고객의 마음을 움직이는 맞춤 서비스

고객 행동 패턴을 이해하고 이에 맞는 서비스를 제공하는 것은 고객 만족도를 높이고 충성 고객을 확보하는 데 중요한 역할을 한다. '이 고객은 이럴 것이다'라는 선입견을 버리고, 각 고객의 개별적인 특성을 파악하여 최적의 서비스를 제공해야 한다. 고객의 마음을 움직이는 맞춤 서비스는 단순히 상품을 판매하는 것을 넘어, 고객에게 특별한 경험과 감동을 선사한다. 이를 통해 기업은 고객과의 깊은 유대감을 형성하고, 지속적인 성장을 이루어낼 수 있다. 고객의 행동 패턴에 맞춘 서비스, 이제 선택이 아닌 필수다.

6

받아주는 사람 vs 못 받아주는 사람

당신은 어떤 고객 경험이 가장 기억에 남는가? 아마도 단순히 제품이나 서비스를 제공받는 것을 넘어, 진심으로 나를 이해하고 배려해주는 듯한 느낌을 받았던 순간이 아닐까?

아파트 공동 현관문을 열고 집으로 들어서려는데, 복도 한가운데 성인용 킥보드가 떡 버티고 서 있는 게 아닌가. 킥보드를 피해 들어가려니 여간 불편한 게 아니었다. 특히, 엘리베이터를 이용하는 다른 주민들이 킥보드 때문에 넘어지거나 다치진 않을까 염려되었다. 나는 곧바로 관리사무소에 연락을 했다. 담당 직원은 불편을 드려 죄송하다는 표현과 함께 즉시 확인하고 조치하겠다며 매우 친절하게 응대했다.

잠시 후, 직원은 킥보드를 안전한 곳으로 옮기고 CCTV를 확인해 킥보드 주인을 찾도록 노력하겠다고 했다. 또한 앞으로 이런 일이 재발하지 않도록 안내문을 붙이고, 공동 현관 출입 시 더욱 신경 쓰겠다고 약속했다. 덕분에 불편했던 상황이 빠르게 해결되었고, 관리사무소의 신속하고 친절한 대처에 감동했다. 단순히 물건을 치우는 것을 넘어 안전 문제까지 고려하여 주민들을 위한 해결책을 마련하려는 모습에서 진심이 느껴졌다.

이 경험을 통해 나는 기업의 성공을 좌우하는 가장 중요한 요소는 고객 경험이라는 것을 다시 한번 깨달았다. 단순한 제품이나 서비스를 넘어 고객과의 감성적인 연결을 통해 차별화된 가치를 제공해야 하는 시대가 된 것이다.

이러한 시대에 CS 전문가는 단순한 상담원이 아니다. 고객의 마음을 움직이고, 잊지 못할 경험을 선사하는 고객 경험 디자이너라고 할 수 있다. 하지만 이러한 역할을 성공적으로 수행하기 위해서는 단순한 경험만으로는 부족하다. 체계적인 교육을 통해 전문성을 갖추고, 고객의 니즈에 맞춰 맞춤형 서비스를 제공할 수 있어야 한다.

교육이 만드는 차이, 고객 경험의 질을 높이다

이번 장에서 말하는 '받은 자'와 '안 받은 자', 그 차이는 무엇일까? 여기서 말하는 '받은 자'는 체계적인 CS 교육을 받은 전문가를 의미한다. 반면

 감정을 설계하는 행동 심리 CS

'안 받은 자'는 교육 기회를 얻지 못한 전문가를 가리킨다.

1) 교육 부재의 그림자: 고객과의 단절

- 획일적인 응대의 반복: 교육을 받지 않은 직원들은 정해진 매뉴얼에만 의존해 고객의 다양한 질문에 똑같은 답변을 반복한다. 마치 녹음된 듯한 획일적인 답변은 고객 불만을 야기할 수 있다.
- 문제 해결 능력 부족: 예상치 못한 상황에 직면했을 때 당황해 문제를 해결하지 못하고 고객에게 불안감을 안겨줄 수 있다.
- 고객과의 감정적 연결 부재: 고객의 감정을 이해하고 공감하지 못하기에 단순히 문제만 해결하려는 태도를 보일 수 있다.

당신은 고객으로서, 어떤 상황에서 가장 실망했는가? 단순한 문제 해결이 아닌, 진심 어린 공감과 배려를 느끼지 못했던 순간은 없었는가?

2) 교육이 가져다주는 변화: 고객 경험의 디자이너

- 고객 중심 사고의 함양: 교육을 통해 고객 입장에서 생각하고 고객 가치를 최우선으로 하는 사고방식을 갖출 수 있다.
- 문제 해결 능력 향상: 다양한 문제 상황에 대한 해결 능력을 키워 창의적인 해결 방안을 제시할 수 있다.
- 전문성 강화: 관련 분야의 전문 지식을 습득해 고객에게 더욱 전문적인 상담을 제공할 수 있다.

- 공감 능력 향상: 고객의 감정을 이해하고 공감하는 능력을 키워 진심으로 소통할 수 있다.

교육을 통해 CS 전문가는 단순한 상담원에서 고객 경험을 디자인하는 아티스트로 변모한다.

3) 실제 사례를 통한 비교: 교육의 효과를 증명하다

사례 1. 호텔

교육을 받기 전, 호텔 프론트 직원들은 체크인, 체크아웃 등 단순한 업무만 처리했다. 하지만 교육 이후 고객의 생일을 미리 파악해 특별한 케이크를 준비하거나 고객의 여행 목적에 맞는 관광 정보를 제공하는 등의 서비스를 통해 고객 만족도를 높였다. 이처럼 고객의 취향을 파악하고 맞춤형 서비스를 제공하기 시작한 것이다.

사례 2. A 기업

A 기업은 교육을 통해 상담원들의 문제 해결 능력을 향상시켰다. 교육 전에는 처리하기 어려운 문제가 발생하면 상급자에게 의존하는 경우가 많았지만 교육 이후에는 스스로 문제를 해결하고 고객에게 신속하게 피드백을 제공할 수 있게 되었다. 이는 고객 만족도뿐만 아니라, 상담원들의 업무 효율성도 향상시키는 결과를 가져왔다.

이처럼 교육은 단순히 지식을 전달하는 것을 넘어 실제 현장에서 고객과의 소통 방식을 변화시키고 긍정적으로 기업의 경쟁력을 강화하는 데 기여한다. '받은 자와 안 받은 자의 행동은 분명하게 다르다'라는 말은 단순한 구호가 아니다. 교육을 통해 얻은 지식과 경험은 CS 전문가의 품격을 높이고 고객에게 감동을 선사하는 데 큰 역할을 한다. 즉, CS 전문가가 고객 경험을 디자인하는 핵심 도구이다. 아직도 CS 교육은 다 거기서 거기라고 생각하는가? 고객의 기대는 날마다 높아지고 있다. 변화하지 않으면 도태될 수밖에 없다. 당신의 경쟁력을 높일 수 있는 마지막 기회! 당신은 어떤 선택을 하겠는가?

7

긍정형 고객과 부정형 고객의 행동 패턴

이 커피, 도대체 뭐가 다른 거야?

아침마다 들르는 동네 카페. 오늘도 어김없이 다양한 사람들이 커피를 주문한다. 어떤 이는 한 모금 마시자마자 행복한 표정으로 "아, 역시 이 맛이야!"라며 감탄하고, 또 어떤 이는 인상을 찌푸리며 "이게 뭐야, 탄맛밖에 안 나잖아!"라며 불평한다. 똑같은 원두, 똑같은 로스팅, 똑같은 추출 방식으로 만들어진 커피인데, 왜 사람들의 반응은 이렇게 다를까?

앞서 언급했듯이, 사람마다 고유한 '커피 취향'이 있기 때문이다. 누군가는 쓴맛이 강한 아메리카노를 선호하는 반면, 누군가는 달콤한 캐러멜 마끼아또를 즐겨 마신다. 또한, 어떤 사람은 산미가 풍부한 에티오피아 원두를 좋아하고, 어떤 사람은 묵직한 바디감의 인도네시아 원두를 선호한다. 이처럼 다양한 커피 취향은 고객의 소비 행동에도 영향을 미친다.

긍정적인 고객 vs 부정적인 고객: 그들의 커피 취향과 행동 패턴

긍정적인 고객은 자신의 커피 취향을 잘 알고 있어, 이에 맞는 커피를 선택하여 만족도를 높이는 경향을 보인다. 예를 들어, "에티오피아 예가체프 핸드드립으로 주세요. 산미 있는 원두로 부탁드려요."와 같이 구체적으로 주문한다. 커피를 마시며 "음~ 향긋하다.", "딱 내가 좋아하는 맛이야."와 같이 긍정적인 반응을 보인다. 바리스타에게 "이 원두는 어떤 맛이 나나요?", "오늘의 커피 추천해 주세요."와 같이 질문하거나 추천을 요청하는 등 적극적으로 소통한다. 커피와 함께 곁들일 디저트나 사이드 메뉴에도 관심을 보인다. "혹시 스콘이나 케이크도 있나요?"와 같이 질문하며 추가 주문을 한다. 카페 분위기나 서비스에 대한 만족감을 표현한다. "여기 분위기 너무 좋네요.", "음악 선곡이 마음에 들어요."와 같이 칭찬을 아끼지 않는다. 재방문 의사를 밝히거나, 쿠폰이나 멤버십 카드를 발급받는 등 지속적인 관계를 유지하려는 모습을 보인다. "다음에 또 올게요!", "쿠폰 도장 찍어주세요."와 같이 말한다. SNS에 카페 방문 후기를 남기거나, 친구들에게 카페를 추천하는 등 긍정적인 입소문을 낸다. "인스타 감성

카페 발견! 커피 맛도 분위기도 최고!"와 같은 게시글을 올린다.

반면, 부정적인 고객은 자신의 커피 취향을 잘 모르거나, 기대와 다른 커피 맛에 실망하여 불만을 표현하는 경향을 보인다. 구체적인 특징으로 커피 메뉴 선택에 어려움을 느끼거나, 바리스타에게 명확한 주문을 하지 못하는 점이 있다. "음… 뭐 마시지? 아무거나 주세요."와 같이 말하며 메뉴판을 오랫동안 들여다본다. 커피의 맛과 향에 대해 부정적인 평가를 한다. "너무 써요.", "싱거워요.", "맛이 이상해요."와 같이 불만을 표현한다. 커피에 대한 불만을 직접적으로 표현하거나 직원에게 불친절하게 대한다. "이거 다시 만들어주세요.", "주문한 거 맞아요?"와 같이 반말을 하거나 짜증 섞인 말투를 사용한다. 카페 분위기나 서비스에 대한 불만을 표현한다. "너무 시끄러워서 집중이 안 되네요.", "테이블이 너무 좁아서 불편해요."와 같이 불평한다. 재방문 의사가 없음을 밝히거나, 다시는 방문하지 않는다. "다시는 안 올 것 같아요."와 같이 말하며 불쾌한 감정을 드러낸다. SNS에 카페에 대한 부정적인 후기를 남기거나, 주변 사람들에게 카페를 추천하지 않는다. "커피 맛도 별로고 서비스도 최악!"과 같은 댓글을 올린다.

숨겨진 부정적인 고객, AI도 알아차리지 못하는 미세 행동 신호를 파악하라

고객 만족도를 높이는 것은 모든 비즈니스의 핵심 목표다. 긍정적인 고객은 물론, 부정적인 고객의 행동 패턴에도 주의를 기울여야 한다. 특히 요즘 소비자들은 자신의 불만을 직접적으로 표현하기보다는 미묘한 행동이나 태도 변화로 불만을 드러내는 경우가 많다. AI는 데이터 분석을 통해 고객 행동 패턴을 예측하고 맞춤형 서비스를 제공하는 데 도움을 줄 수 있다. 하지만 AI도 파악하기 어려운 미세 행동 신호가 존재한다. 이러한 신호들을 파악하고 적절히 대응하는 것은 고객 만족도 향상에 매우 중요하다. 고객과의 상담이나 온라인 커뮤니티 모니터링 중 아래 체크리스트를 활용하여 부정적인 고객을 빠르게 파악하고 적절한 조치를 취해 보자. 아래와 같은 고객의 유형을 찾아 솔루션을 제시해 보자!

1. 반복적인 질문

☐ 같은 질문을 여러 번 반복한다.

(예: "그러니까 이 요금제는 데이터가 얼마나 제공되는 거죠?", "아까 말씀하신 혜택을 다시 한번 설명해주시겠어요?")

☐ 이미 설명드린 내용을 다시 확인한다.

(예: "그럼 제가 이 상품을 구매하면 사은품은 언제 받을 수 있나요?", "방금 말씀하

신 대로 1년 동안 무상 A/S가 가능한 거죠?")

혹시 제품/서비스에 대한 이해가 부족하거나 불안감을 느끼는 건 아닐까? AI는 고객의 질문 횟수나 내용을 분석하여 어느 정도 불안감을 감지할 수 있지만 그 이면에 숨겨진 고객의 진짜 감정까지는 파악하기 어렵다.

★ 솔루션 → 추가 설명이나 자료 제공을 통해 고객의 이해를 돕고 불안감을 해소하라. 고객의 질문에 진심으로 귀 기울이고, 공감하는 태도를 보여주는 것이 중요하다.

2. 부정적인 표정이나 몸짓

□ 눈을 마주치지 않는다.

(예: 설명을 듣는 동안 스마트폰을 보거나 다른 곳을 본다.)

□ 팔짱을 끼고 이야기를 듣는다.

□ 다리를 떨거나 초조한 모습을 보인다.

(예: 손톱을 물어뜯거나, 계속해서 시계를 확인한다.)

□ 한숨을 쉬거나 인상을 찌푸린다.

(예: 설명을 듣는 도중 한숨을 쉬거나, "흠…", "하…" 와 같은 소리를 낸다.)

혹시 불만족스러운 감정을 숨기고 있는 것은 아닐까? AI는 표정이나 몸짓 분석 기술을 통해 고객의 감정 상태를 파악할 수 있지만, 미세한 표정 변화나 몸짓까지 완벽하게 분석하는 것은 아직 어렵다.

★ 솔루션→ 고객의 표정과 몸짓에 주의를 기울여 "혹시 불편하신 점이 있으신가요?", "제 설명이 부족했나요?" 와 같이 질문하여 고객의 마음을 여는 소통을 시도하라.

3. 소극적인 태도

□ 질문에 "네", "아니오" 와 같이 짧게 대답한다.

□ 의견 표현을 꺼린다.

(예: "어떠세요?" 라는 질문에 "괜찮아요.", "잘 모르겠어요."와 같이 애매하게 답변한다.)

□ 대화에 적극적으로 참여하지 않는다.

(예: 질문을 해도 "글쎄요…", "음…"과 같이 답변을 회피하거나, 혼잣말을 중얼거린다.)

혹시 관심이 없거나 불만을 품고 있는 것은 아닐까? AI는 고객의 대화 참여도를 분석하여 소극적인 태도를 파악할 수 있지만, 그 이유까지 분석하는 것은 쉽지 않다.

★ 솔루션 → "혹시 궁금한 점은 없으신가요?", "제가 좀 더 자세히 설명해 드릴까요?"와 같이 질문하며 고객의 참여를 유도하고 편안하게 대화할 수 있는 분위기를 조성하라.

4. 비교 질문

□ 경쟁사 제품/서비스와 비교한다.

(예: "A 회사 제품은 이런 기능도 있는데, 이 제품은 왜 없나요?", "B 사이트에서는 더 저렴하게 판매하던데요?")

□ 과거에 이용했던 다른 제품/서비스를 언급한다.

(예: "예전에 쓰던 제품은 이런 점이 좋았는데…", "다른 곳에서는 이렇게 해주던데요…")

혹시 현재 제품/서비스에 만족하지 못하는 것은 아닐까? AI는 고객의 비교 질문을 통해 현재 제품/서비스에 대한 불만족을 어느 정도 파악할 수 있지만, 고객이 어떤 부분을 중요하게 생각하는지는 정확히 파악하기 어렵다.

★ 솔루션→ 경쟁사 제품/서비스와 비교하며 불만을 표현하는 고객에게 현재 제품/서비스의 장점을 강조하고 고객의 니즈에 맞는 맞춤형 솔루션을 제시하라.

5. 지나치게 칭찬하는 태도

□ 과도하게 칭찬한다.

(예: "정말 최고예요!", "이렇게 좋은 제품은 처음 봐요!")

□ 부자연스럽게 친절한 태도를 보인다.

(예: 과도한 칭찬과 함께 "혹시 서비스를 더 받을 수 있을까요?"와 같이 요구합니다.)

  감정을 설계하는 행동 심리 CS

혹시 불만을 감추고 있거나 보상을 기대하는 것은 아닐까? AI는 고객의 칭찬을 긍정적인 신호로 해석할 수 있지만, 그 이면에 숨은 의도를 파악하기는 어렵다.

★ 솔루션→ 과도한 칭찬이나 친절은 오히려 불만을 숨기는 신호일 수 있다. 고객의 요구를 정확하게 파악하고, 진심으로 문제를 해결하려는 태도를 보여줘라.

6. 온라인 활동

□ SNS나 온라인 커뮤니티에 부정적인 게시글이나 댓글을 작성한다.

(예: "이 회사 절대 이용하지 마세요! 서비스 최악입니다.", "제품 품질이 너무 안 좋아요. 완전 실망입니다.")

혹시 불만족스러운 경험을 공유하고 싶어 하는 건 아닐까? AI는 온라인 텍스트 분석을 통해 고객의 감정을 파악할 수 있지만, 글쓴이의 뉘앙스나 숨겨진 의도까지 완벽하게 분석하는 것은 어렵다.

★솔루션 → 온라인상의 부정적인 의견에도 적극적으로 대응하고, 문제 해결을 위해 노력하는 모습을 보여 줘라. 고객의 소리에 귀 기울이고, 개선 사항을 반영하는 것이 중요하다.

이처럼 체크리스트를 활용해 미세 행동 신호를 파악하여 조치를 하면 고객 만족도를 높이고 긍정적인 관계 형성이 된다.

PART 03

행동 심리를 담은 고객 서비스 전략

1

고객은 동맹인가, 적인가?

영화나 드라마에서 종종 볼 수 있는 반전의 스토리. 주인공이 믿었던 친구가 실은 배신자였다는 충격적인 사실이 밝혀지는 장면은 우리에게 깊은 인상을 남긴다. 이처럼 우리가 만나는 사람들 중에는 때로는 우리를 도와주는 아군도 있지만, 때로는 우리를 곤란하게 만드는 적군도 있다.

특히 고객 서비스 현장에서 이 구분은 매우 중요하다. 고객은 때로는 우리의 성공을 도와주는 아군이 될 수 있지만, 때로는 예측할 수 없는 행동으로 우리를 시험하는 적군이 되기도 한다. 고객은 자신의 진정한 의도를 감추고 진실을 숨기는 경우가 많아서 그들이 아군인지 적군인지 구분하기가 쉽지 않다. 그렇다면 우리는 어떻게 고객의 속내를 파악하고 효과적으로 대응할 수 있을까? 이 장에서는 고객의 숨겨진 의도를 읽어내는 방법과 아군과 적군을 구분하는 전략을 살펴보겠다.

왜 그 고객은 커피잔을 깨트렸을까?

나는 오전 일찍, 유니폼 판매 업체 직원들을 대상으로 CS 강의를 하기 위해 교육장으로 이동하던 중이었다. 타이트한 강의 일정이 예상되어 미리 커피를 사기 위해 카페에 잠시 들렀다. 가장 큰 사이즈의 커피를 주문하고 기다리는데, 갑자기 '쨍그랑!' 하는 날카로운 소리가 들려왔다.

놀라서 뒤를 돌아보니, 깨진 컵과 함께 화가 난 고객이 흥분한 목소리로 고함을 지르고 있었다. 바닥에 산산조각 난 컵 조각들을 보니 단순한 실수가 아니라는 것을 직감적으로 알 수 있었다. 고객은 걷잡을 수 없이 분노에 휩싸여 있었다. 곧이어 카페 매니저로 보이는 직원이 황급히 달려왔다. 그는 흥분한 고객에게 "무슨 일이시죠?"라고 물었지만, 돌아오는 대답은 "보고도 몰라요?"라는 날 선 외침뿐이었다. 아침 이른 시간임에도 고객들로 북적이던 카페는 순식간에 쥐 죽은 듯 조용해졌다. 카페 안은 긴장감이 감돌았다. 사람들은 깨진 잔, 흥분한 고객, 당황한 직원을 번갈아 보며 상황을 파악하려 애썼다. 나 역시 직원이 어떻게 대처할지 궁금했다. 다른 직원들의 반응도 살폈지만, 그들 역시 당혹스러움을 감추지 못하는 듯했다.

이 혼란스러운 상황을 마주하며 나는 문득 불만 고객에 대한 나의 지

 감정을 설계하는 행동 심리 CS

식이 얼마나 피상적인지 깨달았다. 그동안 나는 불만 고객을 그들의 행동과 겉모습으로만 판단해왔다. 그들이 화를 내는 이유가 단순히 성격 때문인지, 보상을 바라는 것인지, 아니면 단지 관심을 받고 싶어서인지 제대로 이해하지 못했던 것이다. 나는 매장 직원과 다른 고객들처럼 불만 고객이 가진 서비스에 대한 불만을 제대로 인지하지 못하고 있었다. 이처럼 순식간에 상황이 급변하는 현장에서 예측 가능한 것은 아무것도 없었다. 그 순간, 주변을 둘러보았다. 다른 고객들의 반응은 다양했다. 어떤 이들은 인상을 찌푸리며 불편한 기색을 드러냈고 어떤 이들은 직원에게 상황을 묻기도 했다. 또 어떤 이들은 불만 고객에게 신경 쓰지 않고 주문한 커피를 재촉하기도 했다.

강의 시간 때문에 더 이상 카페에 머무를 수 없었던 나는 주문한 커피가 나오자마자 서둘러 카페를 나섰다. 커피를 건네는 직원은 아침부터 불미스러운 일이 있어 죄송하다며 초콜릿 하나를 건네고 좋은 하루 보내라는 인사를 잊지 않았다. 나는 미소를 지으며 카페를 떠났다. 이른 아침부터 불편한 상황을 겪었지만, 커피를 건네주는 직원의 친절함 덕분에 기분이 조금은 나아졌다. 만약 그 직원이 아무 말 없이 커피만 건넸다면, 아마 불쾌한 기분이 하루 종일 이어졌을 것이다. 카페 안의 불편한 분위기를 내 하루에까지 끌어들이고 싶지 않았기에 직원의 마지막 응대가 오히려 고마움으로 다가왔다.

그날 저녁, 강의를 마치고 집으로 돌아오는 길에 머릿속은 온갖 질문

들로 가득했다. '왜 그 고객은 커피잔을 깨트렸을까?', '고객이 진짜 원했던 것은 무엇이었을까?', '매니저는 왜 괜찮냐는 질문 대신 무슨 일이냐고 물었을까?', '그 질문 때문에 고객이 더 화가 난 것은 아닐까?', 그리고 가장 중요한 질문, '나는 왜 불만 고객의 행동을 예측하지 못했을까?' 나는 고객 유형과 대처 방법에 대해 잘 알고 있다고 자부했지만, 실제 상황에서는 아무런 도움이 되지 않았다. CS 강의를 전문으로 하는 강사인 내가 현장에서 불만 고객의 행동조차 예측하지 못한다면 앞으로 다양한 현장에서 발생하는 불만과 돌발 상황, 악성 고객, 블랙컨슈머 등의 행동을 어떻게 예측하고 교육할 수 있을까?

자존심이 상하는 순간이었지만, 나는 오히려 독기를 품었다. 성장은 최악이라고 생각하는 순간 빠르게 일어난다는 말처럼, 이번 경험을 발판 삼아 더욱 발전해야겠다고 다짐했다. 고객 서비스 현장에서 중요한 것은 고객의 두 얼굴을 이해하고 대처하는 능력이다. 우리는 고객이 어떤 상황에서든 만족할 수 있도록 최선을 다해야 하지만, 동시에 고객의 행동을 예측하고 적절히 대응할 준비도 갖춰야 한다.

강사로서 나는 앞으로 더 깊이 있는 교육을 통해 직원들이 다양한 고객 유형과 그에 따른 대처 방법을 잘 이해하고 적용할 수 있도록 돕고자 한다. 불만 고객의 행동을 예측하기는 어려울 수 있지만, 고객의 필요와 감정을 이해하고 공감하는 능력을 키우는 것이 무엇보다 중요하다. 결국, 고객이 아군인지 적군인지에 대한 판단은 우리의 대응에 달려있다. 모든

      감정을 설계하는 행동 심리 CS

고객이 아군이 되도록 만드는 것이 우리의 목표이자 도전 과제이다. 고객을 제대로 이해하고 대처하는 것이야말로 진정한 CS 전문가로 성장하는 길임을 명심해야 할 것이다.

고객의 행동에 답이 있다

고객은 기업의 제품이나 서비스를 구매, 이용하여 기업의 수익을 창출하는 주요 주체이다. 그래서 기업의 입장에서는 아군이라 할 수 있다. 하지만 불만을 표현하고 때로는 상식적으로 이해되지 않는 행동을 하는 고객은 직원의 입장에서 적군으로 보일 수 있다. 각각의 상황에 따라 고객과 기업의 관계는 달라질 수 있으므로, 특정 상황이나 관계에서는 적대적인 요소가 있을 수도 있다. 상호 이익을 고려하며 상호 협력하는 관계를 유지하는 것이 중요하다.

고객이 컵을 깬 행동에 대해서 자세히 들여다보면 직원이 응대할 때의 포인트가 무엇인지 알 수 있다. 컵이 깨졌을 때는 위험 신호를 준다. 그럼 가장 먼저 고객의 안전을 살피는 것이 우선이다. 물론 어떤 이유로 컵을 깬 행동을 했는지 궁금하고 빨리 해결해야겠지만, 그보다 먼저 상대방의 상황을 살피고 헤아려주는 자세가 필요하다. 기업과 고객 간 긍정적인 관계 형성과 협력은 기업의 성공과 성장에 핵심적인 가치이다.

2

고객을
읽는다는 것은?

고요한 물속에서 숨겨진 소용돌이를 찾아내라

겉보기에는 평온해 보이는 물의 표면 아래에는 예측할 수 없는 강한 흐름이 숨어 있을 수 있다. 이와 유사하게, 우리가 만나는 고객들도 겉으로는 평온하고 단순해 보일 수 있으나, 그들의 마음속 깊은 곳에는 숨겨진 욕구와 필요, 불만이 있을 수 있다. 그들의 진짜 의도와 필요를 파악하는 것은 결코 쉽지 않다. 이 과정은 마치 미지의 영역을 탐험하는 것과 같아서 때로는 예상치 못한 도전과 난관에 직면하기도 한다. 그러나 이러한 도전을 극복하고 고객의 진심을 이해하려는 노력은 더 나은 서비스 제공과 고객 만족으로 이어진다.

금쪽같은 내 고객

오은영 박사의 '금쪽같은 내 새끼' 프로그램에서 박사는 아이의 행동을 통해 그들의 숨겨진 감정과 욕구를 읽어내 부모에게 아이의 진짜 마음을 이해하도록 돕는다. 이는 고객을 대하는 방식과도 매우 유사하다. 아이가 겉으로 반항적이거나 무관심해 보일지라도 그 이면에는 불안, 두려움, 사랑받고 싶은 욕구 등이 숨겨져 있을 수 있다. 오은영 박사는 이러한 숨겨진 감정을 읽어내 부모가 아이와의 관계를 개선하도록 돕는다.

고객도 마찬가지다. 겉으로 불만을 표현하거나 냉담해 보일지라도 그 이면에는 다양한 감정과 욕구가 존재한다. 이를 이해하고 읽어내는 것이 바로 고객을 제대로 이해하는 첫걸음이다. 고객의 숨겨진 진심을 읽어내려면 고객의 말과 행동을 주의 깊게 관찰하고 그들이 왜 그런 행동을 하는지 깊이 생각해야 한다.

'금쪽같은 내 새끼' 프로그램에서 박사가 아이의 행동과 말을 통해 그 내면의 진짜 감정을 탐구하는 것처럼, 고객의 진짜 의도와 필요를 파악하는 것은 결코 쉬운 일이 아니다. 이 과정은 미지의 영역을 탐험하는 것과도 같아, 때로는 예상치 못한 도전과 난관에 직면하기도 한다. 그러나 이러한 도전을 극복하고 고객의 진심을 이해하려는 노력은 결국 더 나은 서비스 제공과 고객 만족으로 이어진다.

고객의 마음을 읽고 행동을 예측할 수 있다면 얼마나 좋을까?

대부분의 사람은 타인에게 보여주고 싶지 않은 모습을 감추거나 위장해서 다르게 보여줄 때가 있다. 특히 자신의 커리어나 평판, 돈 등 타인의 시선을 의식하거나 중요한 사안이 걸린 경우에는 더욱 그렇게 행동한다. 세상에 완벽한 사람이 없듯 누구나 감추고 싶은 것이 있다. 특히 서비스 현장에서 원하는 것이 있거나 부당한 대우를 받지 않기 위해 거짓말을 하기도 한다. 고객은 원하는 목표를 쟁취하기 위해 그 사실을 감추거나 원칙을 무시하며 행동하기도 한다. 고객에게 친절한 응대 서비스를 해야 하는데, 고객을 예측할 수 없다면 응대 포인트를 알 수 없고 신입 직원의 경우 두려워지기까지 한다. 물론 경력직이나 베테랑도 강성 고객의 경우 두렵기는 마찬가지다.

그래서 기업에서는 고객의 불만을 완화하고 직원들의 일관성 있는 서비스 응대를 위해 CS 메뉴얼과 같이 동일한 서비스 제공을 위한 응대 방법들을 만든다. 하지만 이런 노력에도 불구하고 서비스 현장에서 일어나는 돌발 상황들이 많기 때문에 기업은 여전히 고객을 조심스러워하고 주의 깊게 살펴본다.

혹시 고객의 거짓말에 당황한 경험이 있는가?

때때로 고객을 읽는다는 것은 서비스 현장에서 불편한 상황의 경우 거의 불가능하다고 느껴지기도 한다. CS메뉴얼에 나오는 상황 이외의 경우와 명시되어 있는 멘트나 화법이 고객들에게 통하지 않는 경우가 많기 때문이다. 하지만 더욱 힘든 경우는 평소 잘 지내오던 고객 즉 충성고객이 갑자기 어떻게 행동하고 변할지 예측할 수 없을 때다. 규정상 해줄 수 없는 상황, 억지 주장, 지속적인 불만 제기 등 몇 가지 경우만 들어도 직원이 예측할 수 없다는 점이 더욱 힘든 상황으로 이어질 수 있다는 것을 알 수 있다. 이처럼 고객은 기업 또는 담당 직원을 곤란한 상황에 빠뜨릴 수 있고, 매출 성장과 이미지에 많은 손해를 볼 정도로 불편하게 할 수 있다.

기업은 고객과 상호작용을 통해 서로의 이익을 증진시키는 관계이기도 하지만, 경쟁과 대립으로 고객 만족을 저해하는 상황도 발생한다. 이는 CS에서 중요한 가치를 갉아 먹는 것이다. 그 가치 중 하나가 바로 '신뢰'다. 신뢰는 고객 만족 경영을 하는 데 있어 고객과 우호적인 관계를 맺고 이윤 창출에 영향을 미치며, 그것이 전부인 경우도 있다. 신뢰는 믿음을 전제로 한다. 신뢰는 고객이 기업의 약속 이행, 서비스의 성실성, 직원의 친절함에 대해 갖는 믿음이다. 신뢰가 무너지면 고객이 더 이상 찾지 않는다. 이로 인한 고객 손실은 기업 입장에서 큰 손해라고 할 수 있다. CS 전문가로서 필자는 고객의 심리와 행동을 잘 알 수 있도록 노하우를

풀어볼 생각이다. 고객이 어떻게 행동할지, 또 왜 그런 행동을 하는지 예
측하는 방법에 대해 알려줄 것이다. 그 방법을 알게 된다면 기업과 직원
은 더 이상 상처받거나 손해 볼 수 있다는 불안감을 떨쳐버릴 수 있을 것
이다.

필자는 CS강사로 일하며 다양한 현장에서 보고 직접 경험해왔다. 또
한 많은 시행착오를 통해 고객의 행동을 분석하며 공부했다. 그리고 교
육 강사뿐만 아니라 CS가 필요한 곳이라면 누구나 쉽게 이해할 수 있도
록 매뉴얼을 만들어 현장에서 바로 적용할 수 있게 강의하고 있다. 더 이
상 CS에 대한 부담감과 어려움을 겪고 싶지 않고, 고객 만족도를 높이고
싶으며, 맞춤 고객 응대를 원한다면 고객이 어떻게 행동할지 예측할 수 있
는 행동 분석이 필수다. 블랙컨슈머나 악성 고객은 직원의 마음을 조종
하려 하고 불편하게 할 것이므로, 직원은 고려해야 할 변수와 해결해야
할 문제가 늘어날 것이다. 직원은 더 이상 응대하고 싶다는 생각조차 하
지 못하고 주저하게 될 것이다. 고객에게 어떻게 응대해야 할지 더 이상
모르겠다면 CS 응대에 필요한 매뉴얼이나 방법을 구체적으로 세우는 것
조차 힘들기 때문이다. 시간이 지날수록 고객 응대에 대한 두려움 때문
에 고객을 대하는 자세가 불편해지고, 심지어 고객을 멀리하거나 다른 직
원에게 미루는 상황까지 생기는 등 여러 문제들이 발생한다.

     감정을 설계하는 행동 심리 CS

고객을 읽는다는 것은 신뢰성을 바탕으로 한다

고객을 읽는다는 것은 고객의 요구와 기대를 파악하고 이해하는 것을 중심으로, 다양한 정보와 데이터를 수집해 고객의 행동과 선호를 파악한 후 그들의 요구와 기대에 부합하는 제품이나 서비스를 개발하고 제공하는 것이다. 데이터와 분석을 통해 고객의 행동을 예측하고 소비 패턴을 파악한다.

고객이 제품에 대한 기대를 파악하고 불만 사항을 개선하는 데 활용할 수 있는 피드백을 분석하고 수집한다. 마지막으로 고객을 읽는다는 것은 일시적으로 끝나서는 안 된다. 고객의 요구와 기대는 시간에 따라 변할 수 있으므로 지속적으로 관찰해야 한다. 그래야 변화에 대응하고 그에 맞는 적절한 조치를 취할 수 있기 때문이다.

고객을 제대로 읽음으로서 직원은 고객의 성향, 특징, 욕구 등에 대해 많은 것을 알게 된다. 이는 결국 '신뢰성'이라고 표현할 수 있다. 신뢰성은 오해 없이 소통하고 진실된 모습으로 긍정적인 인간관계를 맺는 데 꼭 필요한 특성이다.

고객과의 신뢰성은 기업의 성공에 있어 핵심적인 요소다. 고객이 기업을 신뢰한다면 그 기업의 제품이나 서비스를 사용하거나 구매할 확률이 높아진다. 신뢰하는 기업에 충성도를 유지하고, 다른 사람에게 추천하는 등 긍정적인 행동을 한다. 이렇게 고객과의 신뢰성을 구축하고 유지하는 것은 기업의 장기적인 성공에 중요한 요소다. 그래서 고객을 읽는다는 것은 신뢰성이라고 할 수 있다.

결국 고객을 읽는다는 것은 단순히 그들의 요구사항을 파악하고 충족시키는 것을 넘어선 일이다. 이는 고객의 숨겨진 의도와 진심을 이해하고 때로는 예상치 못한 행동에 대응하는 능력까지 포함한다. 이 과정은 고객과의 신뢰를 구축하고 장기적인 관계를 유지하는 데 필수적이다. 고객 서비스는 고객의 필요와 욕구를 충족시키며 문제를 해결하는 것이다.

고객을 읽는 능력은 고객 서비스 전문가에게 필수적인 기술이다. 고요한 물속에 숨겨진 소용돌이를 찾아내는 과정과 같다. 때로는 도전적일 수 있지만, 그 결과로 얻어지는 신뢰와 만족은 모든 노력의 가치가 있다.

감정을 설계하는 행동 심리 CS

3

고객 행동을 예측하는
5가지 매뉴얼

고객의 다음 행동은 체스 게임과 같다

고객의 다음 행동을 예측하는 것은 마치 미래를 내다보는 것과 같다. 이 과정은 체스 게임에서 상대방의 다음 수를 예측하듯 고객의 니즈와 행동 패턴을 분석하는 것으로 시작된다. 이러한 분석을 통해 우리는 고객이 아직 명확하게 요구하지 않은 서비스나 제품을 미리 준비함으로써 항상 한 발 앞서 갈 수 있다.

고객의 행동을 예측할 수 있다면 고객을 응대할 때 어떤 이점이 있을까? 고객이 원하는 서비스를 제공함으로써 만족하는 결과가 나타날 수 있다. 서비스에 만족했다면 재구매나 재방문으로 이어질 확률이 높고, 충성 고객이 될 확률도 높아진다. 그럼 반대로 고객 행동 예측력이 부족하면 어떨까? 고객은 제공받은 서비스에 만족하지 못하거나 불만이 생길 수 있으며, 불편한 사항이 생길 수도 있다.

물론 이러한 예측이 고객 응대에서 발생하는 모든 문제를 해결하지는 못하겠지만, 이를 통해 얻는 예측 능력으로 CS 응대의 두려움에서 벗어날 수 있다. 고객 행동을 예측하기 위해 필요한 다섯가지 매뉴얼에 대해 알아보자.

매뉴얼 1. 데이터 수집

고객의 행동을 예측하기 위해 필요한 첫째는 고객에 대한 충분한 데이터를 수집하는 것이다. 이 데이터는 고객의 구매 이력, 웹사이트 방문 기록, 소셜 미디어 활동 등 다양한 출처를 통해 얻을 수 있다. 이렇게 수집된 데이터는 고객이 서비스를 이용하는 패턴과 행동 패턴을 이해하고, 선호 사항과 관심사를 파악하는 데 중요한 자료가 된다. 그리고 더 나아가 고객의 라이프스타일을 분석하는데까지 사용된다.

매뉴얼 2. 데이터 분석

데이터를 수집했다면 둘째는 수집한 데이터를 분석하는 것이다. 이는 고객의 행동 패턴, 선호도, 요구 사항 등을 파악하는 데 중요한 과정으로, 이를 통해 고객 행동에 대한 깊이 있는 인사이트를 얻을 수 있다. 데이터를 효과적으로 분석하기 위해서는 몇 가지 고려해야 할 사항이 있다.

고객의 방문, 구매 이력, 웹사이트 분석, 소셜 미디어 플랫폼, CRM 시스템 등 다양한 고객 행동 관련 데이터를 수집해야 한다. 뿐만 아니라 심리적, 행동적 특성을 기반으로 고객을 세분화해 분석하는 것도 필요하다. 그리고 고객 행동 분석을 하는 이유와 목표가 명확해야 한다. 즉, 더 나은 제품 제공, 불만 고객 감소, 매출 증대, 고객 만족도 향상 등 구체적인 목표를 가져야 분석이 제대로 이루어질 수 있다. 마지막으로 지속적이고 정기적인 모니터링과 분석이 중요하다. 고객 행동은 변할 수 있으므로, 일회성 분석으로 고객 행동 예측을 단정할 수 없기 때문이다.

매뉴얼 3. 고객 세분화

고객의 행동 패턴, 선호도, 라이프스타일 등에 따라 고객을 세분화하는 것이 중요하다. 세분화된 고객의 행동 패턴을 분석하면 어떤 유형의 고객이 어떤 제품을 선호하고 직원의 서비스 응대에 어떤 반응을 보이는지 파악할 수 있다. 이는 고객을 더 잘 이해하고 맞춤형 제품 개발이나 서비스 응대를 위한 것이며, 마케팅 전략 및 서비스 제공을 더욱 효과적으로 수립할 수 있게 한다.

매뉴얼 4. 행동 예측 모델링

고객 행동 데이터 분석과 고객 세분화 결과를 토대로 고객의 예상 행동을 예측하여 설계하는 단계로, 고객의 다음 방문 시기, 제품 구매 시기, 이용 가능성이 높은 서비스, 반응 가능성이 많은 서비스 전략 등을 세워 미리 고객 행동을 예측하는 것이다. 알고리즘을 활용해 고객의 구매 이력, 웹사이트 방문 패턴 등을 분석하고, 고객이 어떤 제품을 구매하고 어떤 서비스를 선택했는지 과거 고객의 행동 데이터를 기반으로 미래 행동을 예측한다. 예를 들어, 정기 회원권을 이용하는 고객을 예측해보자. 처음 3개월 동안 지속적으로 참여하고 이용하는 고객이 다음 정기 회원권을 갱신할 가능성이 더 높다.

나 역시 10년째 정기 회원권으로 현재까지 지속적으로 방문하는 네일샵이 있다. 내가 이곳을 지금까지도 가는 이유는 이용하는 서비스나 방문 시기 등을 고려해 나에게 맞는 서비스를 제공해주었기 때문이다. 이 네일샵은 나의 행동을 예측한 서비스를 제공한 덕분에 10년째 방문하는 충성고객을 얻은 것이다.

매뉴얼 5. 행동 예측 결과 활용

고객 서비스 이용 이력과 고객의 피드백 등을 토대로 고객의 행동을 예측하여 얻은 결과를 고객 서비스 개선 및 향상, CS마케팅 전략 수립, 고객에게 제공할 제품을 개발하는 데 활용한다. 고객이 다음에 어떤 제품을 구매하고 서비스를 이용할 가능성이 높은지 예측한 결과를 토대로 해당 고객에게 맞춤형 제품 추천이나 서비스를 제공할 수 있다.

고객의 행동을 예측하는 다섯 가지 매뉴얼은 고객의 요구사항을 정확히 이해하고 고객에게 더 효과적인 맞춤 서비스를 제공하는 데 큰 도움이 되므로 고객 만족도를 높이고 충성고객을 확보하는 중요한 과정이다. 이를 위해서는 고객 데이터를 체계적으로 수집하고 분석하는 능력과 지속적인 투자 및 관리가 필요하다.

고객의 다음 행동을 예측하고 대응하는 것은 필수적인 전략이 되었다. 위에서 소개한 다섯 가지 매뉴얼을 통해 우리는 고객의 니즈를 선제적으로 파악하고 그에 따른 맞춤형 서비스를 제공할 준비를 마쳤다. '고객의 다음 행동은 체스 게임과 같다'는 말은 고객 중심의 서비스를 제공하고자 하는 우리의 꾸준한 노력을 의미한다. 고객의 다음 행동을 예측하고 그에 맞는 최상의 서비스를 제공함으로써 우리는 고객 만족을 넘어 감동을 선사할 일만 남았다.

고객의 진심을 찾는
5가지 행동 전략

고객은 행동으로 말한다

고객의 행동을 살펴보는 것은 마치 미로 속에서 길을 찾는 것과 같다. 처음 보는 사람의 행동을 통해 그 사람의 성향이나 상태를 짐작할 수 있듯, 고객의 행동 또한 그들의 내면적 의도나 필요를 반영한다. 때론 고객 스스로도 자신이 무엇을 원하는지, 왜 그런 행동을 하는지 모를 수 있다. 하지만 그들의 행동에는 분명 의미가 담겨 있으며, 이를 해석하는 능력은 고객과의 강력한 연결고리를 만들어낼 수 있다.

그러므로 고객의 행동에 귀를 기울이고 그 안에 숨겨진 메시지를 찾아내는 것은 고객만족을 이끄는 중요한 열쇠이다.

분석의 목적은 결코 '판단'이 아니라 '연결'에 있다. '이 고객은 왜 저런 행동을 할까?'라는 질문이 '이 고객을 어떻게 내 의도대로 이끌까?'라는 계산으로 변질되는 것을 경계해야 한다. 행동 분석은 고객이라는 미지의 세계를 탐험하기 위한 지도와 같다. 지도가 있다고 해서 여행자의 진심이 사라지지 않듯, 우리의 기술은 고객의 마음이라는 목적지에 더 안전하고 정확하게 도달하게 돕는 정중한 길잡이가 되어야 한다. 이제 고객의 행동 을 통해 그들의 의도와 진실을 찾아내는 여정을 시작해보자.

고객의 행동을 주의 깊게 살펴본 적이 있는가?

'보이는 게 다다'라는 말대로라면 직원은 고객의 행동을 보고 직관적 으로 판단하는 경우가 많다. 예를 들어 고객이 AS를 맡긴 제품을 찾으러 매장에 들어왔다. 얼마 전 방문했던 고객이어서 기억하고 있었던 직원은 반갑게 인사를 건넸다. 하지만 고객의 표정은 좋지 않다. 이런 상황에서 직원은 '고객이 안 좋은 일이 있나봐', 혹은 '원래 저렇게 인상을 쓰는 사람 인가?' 하고 판단하는 것이다. 즉 보이는 직관으로 생각하고 고객을 단정 짓게 된다. 하지만 고객의 표정이 좋지 않았던 이유는 다른 직원이 날짜 를 잘못 전달하여 약속 시간이 변경되었고, 두 번이나 헛걸음했기에 고객 은 좋지 않은 기분으로 매장에 들어온 것이다. 보이는 행동 그 자체로만 판단해 결과를 단정지었다면 직원이 보는 고객은 까탈스럽거나 배려가 없는 고객이라고 생각할 것이다.

고객의 행동에는 이유가 있고, 다양한 의도가 숨겨져 있을 수 있다. 고객의 행동은 요구사항과 기대치 등을 반영하므로 그 의도를 이해하기 위해서는 고객의 행동을 주의 깊게 관찰하고 분석해야 한다. 고객의 행동은 의도와 진실을 알아낼 수 있는 통로이기 때문이다. 고객의 행동, 그 의도를 파악하는 것은 고객과의 더 나은 관계를 구축하고 요구사항을 이해하며 충족시키는 데 중요하다. 그럼 고객의 의도와 진실을 찾을 수 있는 5가지 행동을 살펴보자.

고객 행동 1. 구매 패턴

고객의 구매 패턴은 그들의 선호도와 행동 습관을 반영한다. 어떤 제품을 언제, 어떻게, 얼마나 자주 구매하는지 등의 행동은 고객의 요구와 기대를 이해하는 데 중요한 정보를 제공한다. 이를 통해 고객의 행동을 예측하고 그에 맞는 제품이나 서비스를 제공할 수 있다.

주기적인 구매 사례: A씨는 매달 1일에 샴푸를 구매한다. 이를 통해 A씨는 해당 샴푸에 만족하고 꾸준히 사용하는 충성 고객임을 알 수 있다. 만약 A씨의 구매 주기가 짧아지거나 다른 브랜드의 샴푸를 구매한다면, 샴푸에 대한 불만족이나 새로운 제품에 대한 호기심을 나타내는 것일 수 있다.

구매 시기 사례: B씨는 여름철에만 선크림을 구매하는데, 이는 B씨가

   감정을 설계하는 행동 심리 CS

여름철 자외선 차단에 대한 필요성을 느끼고 있음을 보여준다. 만약 B씨가 겨울철에도 선크림을 구매한다면 계절에 상관없이 피부관리에 신경 쓰는 고객임을 알 수 있다.

구매량 변화 사례: C씨는 매주 2개씩 구매하던 우유를 1개로 줄였다. 이는 C씨의 가족 구성원 변화나 우유 소비량 감소 등을 의미할 수 있다. 반대로 C씨의 우유 구매량이 늘어난다면 가족 구성원 증가나 우유를 활용한 요리 빈도 증가 등을 예상할 수 있다.

- 구매 패턴 정리
- 주기적인 구매: 고객이 일정 주기로 동일한 제품을 구매하는 경우, 그 제품에 대한 만족도나 브랜드 충성도를 알 수 있다.
- 구매 시기: 고객이 특정 시기에만 특정 제품을 구매하는 경우, 그들의 소비 패턴이나 계절적인 선호도를 파악할 수 있다.
- 구매량 변화: 고객의 구매량이 증가하거나 감소하는 경우 그들의 만족도나 제품에 대한 필요성을 알 수 있다.

고객 행동 2. 서비스 이용

고객이 서비스를 어떻게 이용하는지를 관찰하는 것은 그들의 만족도와 서비스에 대한 인식을 이해하는 데 도움이 된다. 예를 들어 고객이 자주 이용하는 기능, 이용하지 않는 기능, 서비스 이용 중 겪는 어려움 등을 파악할 수 있다.

서비스 이용 빈도 사례: D씨는 매주 3회 헬스장을 방문한다. 이는 D씨가 헬스장 서비스에 만족하고 꾸준히 운동하는 습관을 가지고 있음을 보여준다. 만약 D씨의 방문 횟수가 줄어든다면 헬스장 시설이나 프로그램에 대한 불만족 또는 개인적인 사정으로 운동 시간을 줄인 것일 수 있다.

이용 시간 사례: E씨는 주로 평일 저녁 8시 이후에 영화관을 이용한다. 이는 E씨가 퇴근 후 여가 시간을 활용하여 영화를 즐기는 것을 선호함을 알 수 있다. 만약 E씨가 주말 낮 시간대에 영화관을 이용한다면, 평소와 다른 상황이나 특별한 이벤트 참여 등을 예상할 수 있다.

이용하지 않는 서비스 사례: F씨는 스마트폰 앱에서 제공하는 음식 배달 서비스를 이용하지 않는다. 이는 F씨가 직접 요리하는 것을 선호하거나, 다른 배달 앱을 이용하거나, 음식 배달 서비스에 대한 불신 등 다양한 이유가 있을 수 있다. F씨가 이용하지 않는 서비스를 파악하고 그 이유를 분석하면, 서비스 개선이나 맞춤형 마케팅 전략 수립에 활용할 수 있다.

- 서비스 이용 정리
- 서비스 이용 빈도: 고객이 서비스를 얼마나 자주 이용하는지를 분석하면, 서비스에 대한 만족도나 필요성을 알 수 있다.
- 이용 시간: 고객이 서비스를 이용하는 시간을 분석하면, 그들의 이용 패턴이나 선호도를 파악할 수 있다.

- 이용하지 않는 서비스: 고객이 이용하지 않는 서비스를 파악하면, 그 서비스의 개선점이나 고객의 필요성을 알 수 있다.

고객 행동 3. 질문과 문의

고객이 직접 질문하거나 문의하는 경우, 그들이 무엇에 관심 있고 어떤 부분이 문제인지 등을 파악할 수 있다. 이는 고객의 의도를 이해하고 그들의 요구와 기대를 파악하는 데 중요한 도구가 될 수 있다.

제품 관련 질문 사례: G씨는 새로 구매한 스마트폰의 특정 기능 사용법에 대해 문의한다. 이는 G씨가 해당 기능에 대한 이해도가 부족하거나 사용 설명서를 제대로 확인하지 않았을 가능성을 시사한다. 이를 통해 고객에게 더욱 쉽고 직관적인 사용 설명서를 제공하거나 제품 교육 프로그램을 강화해야 할 필요성을 파악할 수 있다.

서비스 문의 사례: H씨는 인터넷 서비스 설치 후 속도 저하 문제에 대해 문의한다. 이는 H씨가 인터넷 서비스 품질에 불만족하며 문제 해결을 위한 적극적인 지원을 기대하고 있음을 나타낸다. 신속하고 정확한 문제 해결을 통해 고객 만족도를 높이고 서비스 품질 개선에 필요한 정보를 얻을 수 있다.

가격 및 할인 문의 사례: I씨는 항공권 예약 시 할인 혜택이나 프로모션에 대해 문의한다. 이는 I씨가 가격에 민감하며 합리적인 가격으로 항공권을 구매하고자 하는 욕구를 가지고 있음을 보여준다. 다양한 할인 혜택이나 프로모션 정보를 제공하여 고객의 구매 결정을 유도하고 가격 경쟁력을 확보할 수 있다.

- 질문과 문의 정리

- 제품 관련 질문: 고객이 제품 사용법이나 기능에 대해 질문하는 경우 그들의 제품에 대한 이해도나 사용 경험을 알 수 있다.

- 서비스 문의: 고객이 서비스에 대해 문의하는 경우 그들의 서비스에 대한 만족도나 개선 필요성을 알 수 있다.

- 가격 및 할인 문의: 고객이 가격이나 할인에 대해 질문하는 경우 그들의 가격 인식이나 구매 결정 요인을 알 수 있다.

고객 행동 4. 피드백 제공

고객들은 종종 제품이나 서비스에 대한 피드백을 제공한다. 이는 온라인 리뷰, 설문조사, 소셜 미디어 게시물 등 다양한 형태로 나타날 수 있다. 이러한 피드백은 고객의 의도와 만족도를 파악하는 데 유용한 정보를 제공한다. 그리고 제품 또는 서비스 개선에 대한 방향을 제시할 수 있다.

온라인 리뷰: 솔직 담백한 고객의 속마음

온라인 리뷰는 고객이 제품이나 서비스에 대한 경험을 가감 없이 드러내는 공간이다. 긍정적인 리뷰는 물론 부정적인 리뷰까지 꼼꼼히 살펴보면 고객 만족도와 제품에 대한 인식을 파악하는 데 중요한 정보를 얻을 수 있다. 고객이 어떤 점을 만족스러워하고, 어떤 부분에서 불편함을 느끼는지 파악하여 서비스 개선에 활용할 수 있다.

설문조사 참여: 고객의 목소리를 직접 듣다.

설문조사는 고객의 의견과 만족도를 직접적으로 파악할 수 있는 효과적인 방법이다. 설문조사를 통해 고객의 니즈와 불만 사항을 파악하고 이를 바탕으로 제품 또는 서비스를 개선할 수 있다. 또한, 설문조사 결과는 고객과의 소통을 강화하고 신뢰를 구축하는 데에도 도움이 된다.

소셜 미디어 피드백: 실시간 맥박을 짚다.

소셜 미디어는 고객의 가장 생생하고 실시간적인 반응을 확인할 수 있는 창구이다. 고객들은 소셜 미디어를 통해 제품이나 서비스에 대한 긍정적인 경험을 공유하기도 하고, 불만을 표현하기도 한다. 이러한 피드백을 신속하게 파악하고 대응함으로써 고객과의 관계를 강화하고 브랜드 이미지를 관리할 수 있다.

- 피드백 제공 정리

- 온라인 리뷰: 고객이 제품이나 서비스에 대한 경험을 인터넷에 공유한다. 이는 고객의 만족도와 제품에 대한 인식을 파악하는 데 중요한 정보를 제공한다.

- 설문조사 참여: 고객이 기업에서 진행하는 설문조사에 참여하면 그들의 의견과 만족도를 직접적으로 알 수 있다.

- 소셜 미디어 피드백: 고객이 소셜 미디어를 통해 제공하는 피드백은

가장 실시간적인 고객의 반응을 알 수 있는 방법이다.

고객 행동 5. 반복 구매

고객이 한 번 이상 동일한 제품이나 서비스를 구매하는 것은 해당 제품이나 서비스에 만족하고 브랜드를 신뢰한다는 강력한 신호이다. 이를 통해 고객 만족도와 브랜드 충성도를 측정하고 더 나은 서비스를 제공하기 위한 방안을 모색할 수 있다.

동일 제품 반복 구매 사례(믿음의 증거): J씨는 매년 봄 특정 브랜드 선크림을 구매한다. 이는 J씨가 해당 선크림 효과에 만족하고 품질을 신뢰하여 꾸준히 사용하는 충성 고객임을 보여준다. 이러한 반복 구매는 브랜드에 대한 긍정적인 인식과 신뢰를 나타내며, 기업에게는 소중한 자산이 된다.

업그레이드 제품 구매 사례: K씨는 기존에 사용하던 스마트폰 모델에서 최신 모델로 업그레이드해 구매했다. 이는 K씨가 해당 브랜드에 높은 충성도를 가지고 있으며 새로운 기능과 성능에 대한 기대감을 가지고 있음을 나타낸다. 업그레이드 제품 구매는 고객의 브랜드에 대한 긍정적인 경험과 만족도를 반영하여, 기업에게는 지속적인 성장의 발판이 된다.

제품군 내 다른 제품 구매 사례(브랜드 신뢰 확장): L씨는 평소 즐겨 사용하던 화장품 브랜드의 새로운 스킨케어 라인을 구매했다. 이는 L씨가 해당 브랜드 신뢰를 바탕으로 다른 제품군에도 관심을 가지고 있음을 보여준다. 제품군 내 다른 제품 구매는 고객의 브랜드에 대한 긍정적인 인식과 신뢰를 타나내며, 기업에게는 제품 라인 확장 및 매출 증대의 기회를 제공한다.

- 반복 구매 정리

- 동일 제품의 반복 구매: 고객이 동일한 제품을 반복 구매하는 경우, 그 제품에 대한 만족도나 브랜드 인식을 알 수 있다.

- 업그레이드 제품 구매: 고객이 기존 제품에서 업그레이드 제품을 구매하는 경우, 브랜드 충성도나 제품 만족도를 알 수 있다.

- 제품군 내 다른 제품 구매: 고객이 동일 브랜드의 다른 제품을 구매하는 경우, 브랜드 인식이나 제품에 대한 신뢰도를 알 수 있다.

이러한 5가지 고객 행동은 그들의 의도와 진실을 찾아내는 데 도움이 될 것이다. 기업은 고객의 만족도를 높이고, 그들이 기대하는 이상의 서비스를 제공할 수 있다. 이를 통해, 우리는 고객 서비스의 진정한 의미를 이해하고, 고객의 행동이 고객 만족에 어떠한 영향을 미치는지를 알 수 있다.

고객의 행동을 살피는 것은 그들의 내면을 이해하고 요구와 기대를 충족시키기 위한 필수적인 과정이다. '고객은 행동으로 말한다'라는 말은 이러한 과정의 중요성을 강조한다. 고객의 구매 패턴부터 반복 구매에 이르기까지, 이러한 모든 행동 속에는 고객의 진실과 의도가 담겨 있다. 이러한 행동들을 주의 깊게 관찰하고 분석함으로써, 우리는 고객의 기대를 뛰어넘는 서비스를 제공할 수 있다. 고객의 행동은 말보다 훨씬 더 많은 것을 전달한다. 때로는 고객 스스로도 자신이 무엇을 원하는지, 왜 그런 행동을 하는지 모를 수 있지만, 그들의 행동 속에는 분명한 메시지가 숨어 있다. 따라서 고객의 행동에 귀 기울여 그 안에서 의미를 찾아내는 것은 고객과의 강력한 연결고리를 만들어내는 길이다.

5

'쿨하다'라는 말의
심리적 단서

행복했던 순간, 왜 갑자기 끝났을까?

매일 아침 눈을 뜨면 우리는 여러 선택의 기로에 서게 된다. 어떤 커피를 마실지, 어떤 옷을 입을지, 어떤 경로로 출근할지 등 일상적인 선택부터 시작해서 어떤 제품을 구매할지, 어떤 서비스를 이용할지와 같은 소비 선택까지 여러 결정이 우리를 기다린다. 이러한 선택의 순간마다 우리는 다양한 이유로 결정을 내리게 되며, 때로는 그 이유가 명확히 드러나지 않기도 한다.

기업의 입장에서 바라볼 때, 고객의 선택은 곧 비즈니스의 성패를 좌우하는 중요한 요소이다. 고객이 왜 특정 제품을 선택하고, 왜 특정 서비스를 이용하는지, 나아가 왜 갑자기 등을 돌리는지를 이해하는 것은 기업의 지속 가능한 성장에 핵심적인 역할을 한다. 고객의 이탈은 단순히 한 명의 고객을 잃는 것이 아니라, 그로 인해 발생할 수 있는 잠재적인 수익과 기회를 함께 잃는 것이기 때문이다.

영화나 드라마를 보면 행복한 시간을 보내던 커플이 어느 날 갑자기, 한 사람이 이별 통보를 하며 냉정하게 돌아서는 장면을 본 적 있을 것이다. 그렇게 냉정히 돌아선 이유는 알고 보면 분명히 있다. 상대방 부모님에게 헤어져 달라는 부탁을 받았거나, 아픈 병에 걸려 시한부 인생인 걸 알았다거나. 뭐 이런 이유들 말이다.

평소 제품 구매와 서비스를 잘 이용하던 고객이 냉정하게 돌아섰다. 갑작스러웠을까? 우리는 고객이 냉정하게 돌아선 이유와 또 그런 결정적인 단서를 찾아내야 한다.

고객이 왜 서비스를 떠나는지 그 원인을 찾아내고, 그 부분을 개선하는 것은 기업에게 중요한 과제다. 이러한 문제를 해결하려면 단순히 표면적인 부분을 볼 것이 아니라, 고객의 행동 패턴과 심리를 이해해야 한다. 고객이 서비스를 떠나는 결정적인 단서를 찾아내고, 이를 해결하는 방법인 고객 이탈 방지 전략을 알아보자.

고객 이탈, 그 결정적 단서를 밝히다

결정적 단서 1. 서비스 품질의 저하

고객의 표현 : "예전에는 이렇지 않았는데…"

고객 사례: 단골 고객 A씨는 최근 음식점의 음식 맛이 변하고 서비스가 불친절해지자 발길을 끊었습니다.

해결 방안: 고객 피드백, 제품 반환율, 서비스 이용률 등을 지속적으로 모니터링하고 서비스 품질 개선 노력을 게을리하지 않아야 합니다.

고객은 항상 일관된 품질을 기대하며 서비스를 이용한다. 만약 서비스 품질이 저하되면 다른 선택지를 찾는다. 고객 피드백, 제품 반환율, 서비스 이용률 감소 등을 통해 이를 감지할 수 있다. 이를 해결하기 위해 서비스 품질을 개선하고 고객의 요구와 기대를 충족시키는 방향으로 노력해야 한다.

결정적 단서 2. 불만족스러운 고객 서비스

고객 표현: "여기 너무 불친절해서…"

고객 사례: B씨는 온라인 쇼핑몰에서 상품 문의를 했지만 불성실한 답변과 무성의한 태도에 실망하여 다른 쇼핑몰을 이용하기 시작했습니다.

해결 방안: 고객 서비스 교육 강화, 고객 응대 프로세스 개선, 친절하

고 전문적인 서비스 제공으로 고객 만족도를 높여야 합니다.

고객 서비스는 고객이 브랜드와 상호 작용하는 중요한 접점이다. 불친절한 고객 서비스는 고객의 불편을 증가시키고, 이는 곧 고객이 더 나은 서비스를 제공하는 곳으로 이동할 가능성이 높다는 것을 의미합니다. 이는 고객 이탈의 주요 원인이 될 수 있습니다. 고객의 불만, 부정적인 리뷰, 고객 서비스 관련 문의 증가 등으로 이를 확인할 수 있습니다. 이를 해결하기 위해 고객 서비스 직원의 교육과 훈련을 강화하고, 고객 응대 프로세스를 개선해야 한다.

결정적 단서 3. 서비스 이용의 불편함

고객의 표현: "앱이 너무 복잡해서 사용하기 불편해요."

고객 사례: C씨는 은행 앱의 복잡한 UI/UX 때문에 계좌 이체를 하다가 여러 번 오류가 발생하여 결국 다른 은행으로 옮겼습니다.

해결 방안: 사용자 경험(UX) 및 고객 경험(CX) 디자인 개선, 서비스 이용 과정의 간소화, 사용자 친화적인 인터페이스 구축 등을 통해 고객 편의성을 높여야 합니다.

서비스 이용 과정에서 불편함이 발생하면 고객의 만족도가 크게 저하됩니다. 예를 들어 웹사이트의 사용자 경험이 복잡하거나 결제 과정이 번거로운 경우 등이 있습니다. 이를 해결하기 위해 고객 피드백이나 웹사이트 이용 통계를 체크해볼 수 있습니다. 따라서 고객 경험을 개선하고, 고객이 서비스를 쉽게 이용할 수 있도록 도와주는 것이 필요합니다. 이를 위해 사용자 경험을 디자인하는 UX와 과정을 경험하는 CX의 중요성도 강조됩니다.

결정적 단서 4. 새로운 경쟁사의 등장

고객의 표현: "제 지인은 이거보다 더 저렴하다고 하던데…?"

고객 사례: D씨는 기존 통신사의 요금제보다 저렴하고 데이터 제공량이 많은 알뜰폰 통신사로 갈아탔습니다.

해결 방안: 경쟁사 동향 파악, 시장 분석, 차별화된 서비스 개발, 고객 유치를 위한 프로모션 등을 통해 경쟁 우위를 확보해야 합니다.

새롭게 등장한 경쟁사가 고객에게 더 많은 가치를 제공한다면, 고객들은 새로운 서비스를 이용하려 할 것이다. 따라서 경쟁사의 활동을 지속적으로 모니터링하고, 고객들이 어떤 서비스를 이용하는지 파악해야 한다. 이는 시장 상황을 지속적으로 분석하고 변화에 빠르게 대응하는 유연성을 필요로 하므로, 경쟁사보다 더 나은 서비스를 제공하거나 고객에게 더 많은 가치를 제공하는 전략을 세워야 한다.

결정적 단서 5. 개인화된 경험의 부족

고객의 표현: "내가 원하는 건 이게 아닌데… 왜 비슷한 상품만 추천해주는 거죠?"

고객 사례: E씨는 넷플릭스의 추천 알고리즘이 자신의 취향을 제대로 반영하지 못한다고 느껴, 다른 OTT 서비스로 갈아탔습니다.

해결 방안: 고객 데이터 분석, 인공지능(AI) 및 머신 러닝(ML) 기술 활용, 개인 맞춤형 추천 시스템 구축 등을 통해 고객에게 차별화된 경험을 제공해야 한다.

고객은 점점 더 개인화된 경험을 기대하며 서비스를 이용한다. 고객이 자신에게 맞춤형으로 제공되는 서비스나 제품을 받지 못한다고 느끼면, 더 개인화된 경험을 제공하는 경쟁사로 이동할 가능성이 크다. 고객의 행동 데이터, 구매 이력, 선호도 등을 분석하여 개인화된 서비스를 제공하는 것이 중요하다. 고객의 요구와 기대에 맞춘 맞춤형 경험을 제공해 고객 만족도를 높일 수 있다. 이를 해결하기 위해 인공지능(AI)과 머신 러닝(ML) 기술을 활용하여 고객 데이터를 분석하고, 개인화된 추천 시스템을 구축하는 것이 필요하다.

이러한 이유들은 고객이 서비스를 떠나는 결정적인 단서가 된다. 고객의 이탈을 방지하려면 소비자들의 심리 변화를 잘 읽어내고 그에 맞는 적절한 마케팅 전략을 수립해야 한다. 이때 가장 중요한 것은 소비자들의 행동을 단순하게 관찰하는 것이 아니라 그러한 행동에 영향을 미치는 심리적인 요인들을 파악하는 것이다.

예를 들어, 고객이 서비스의 품질에 대해 불만을 표시한다면, 그것은 단지 제품 자체의 문제일 수도 있지만, 기대와 현실 간의 차이, 고객의 개인적인 가치관, 그리고 고객의 경험 등 여러 가지 요인들이 복합적으로 작용한 결과일 수도 있다. 이처럼 다양한 요소를 파악하여 분석하는 것이 고객의 이탈을 방지하는데 큰 도움이 된다. 고객이 떠나는 이유는 다양하고 또 정확히 알기란 어렵지만, 이 과정을 통해 기업은 고객만족도를 높여 지속적인 성장을 할 수 있다. 따라서 고객의 니즈를 정확히 파악하여 이에 부합하는 서비스를 제공하는 것이 필요하다.

필자는 고객 이탈 원인과 해결책을 보다 체계적이고 믿을 수 있는 방식으로 설명하려 한다. 서비스 제공자로서 이 점을 잘 이해하고 활용한다면 고객의 이탈을 방지하고 지속적인 성장을 이뤄낼 수 있을 것이다. 따라서 서비스 제공자들이 고객 이탈을 방지하기 위해 어떤 전략을 세우고 또 이를 어떻게 실행해야 하는지에 대한 지침이 되길 바란다. 이로써 고객의 이탈을 막고 기업이 지속적으로 성장할 수 있는 발판을 마련할 수 있을 것이다.

고객 이탈은 단순히 고객 한 명을 잃는 것뿐 아니라 해당 고객으로부터 얻을 수 있었던 수익과 새로운 사업 기회를 함께 잃는 것이다. 그러므로 고객이 떠나지 않도록 하는 것은 기업의 지속적인 성장과 발전에 있어 매우 중요한 부분이다.

따라서 고객이 떠나는 이유를 정확히 파악하고 그에 대한 적절한 대응책을 마련하는 것은 기업에 매우 중요한 과제라고 할 수 있다. 결론적으로 고객 충성도를 높이고 고객 이탈이 최소화되는 서비스 환경을 만드는 데 도움을 줄 것이다.

행복했던 순간이 왜 갑자기 끝났을까?

이는 단순한 질문이 아니다. 고객의 이탈을 방지하는 것은 기업의 지속적인 성장과 발전을 위해 필수적이다. 고객의 선택은 단순한 순간의 결정이 아니라 그들에게 제공되는 가치와 경험에 좌우된다. 따라서 기업은 고객의 마음을 이해하고, 그들이 원하는 것을 제공하기 위해 끊임없이 노력해야 한다. 이 과정을 통해 고객의 충성도를 높이고, 지속 가능한 성장을 이뤄낼 수 있을 것이다. 고객의 행복한 순간을 지속시키는 것이 곧 기업의 성공을 의미하기 때문이다.

감정을 설계하는 행동 심리 CS

6

새롭게 나타난
불만 유형과 이어짐 전략

불만의 연쇄 확산, 이어짐 전략으로 차단해라

세상은 순식간에 변화하고 이러한 변화는 고객 서비스 분야에서 고객의 불만과 불평에까지 영향을 미친다. 이런 변화의 주요 원인 중 하나로 '이어짐 전략'이라는 개념이 있다. 과거에는 오프라인 환경에서 발생하던 고객의 불만과 불평은 그 자리에서 해결될 가능성이 높았다. 하지만 현재는 불만과 불평이 온라인으로 확대되면서 상황이 크게 변했다. 오프라인에서 발생한 불만과 불평은 대부분 현장에서 즉시 해결되는 경우가 많았지만, 온라인에서 고객이 불만과 불평을 표현하면 그 속도가 빠르고 범위가 넓어 순식간에 수많은 사람들에게 전파되는 것이 일반적이다. 이러한 현상을 '이어짐 전략'이라 부르는데, 이는 온라인상에서 불만과 불평이 연쇄적으로 확산하며 반복되는 점을 강조한 것이다.

예를 들어, 널리 알려진 배달 앱인 '배달의 민족'을 보면, 다양한 음식점의 메뉴와 가격, 그리고 고객 후기를 쉽게 확인하고 선택할 수 있다. 이러한 플랫폼에서 고객 후기는 결정적인 역할을 하는데, 고객들은 이러한 후기를 통해 음식점의 품질을 평가하고, 어떤 음식점을 이용할지 결정하는 데 큰 영향을 받는다.

그러나 최근에는 이러한 후기가 고객의 불만과 불평을 표현하는 수단으로 변질되는 경향이 보인다. 일부 고객은 악의적인 마음으로 음식점에 낮은 별점을 부여하고 불만 사항을 부각해 음식점이나 기업에 불편을 주는 경우가 증가하고 있다. 이러한 후기는 다른 고객에게 잘못된 정보를 제공하며, 음식점에는 상당한 피해를 준다. 이처럼 온라인에서 발생하는 불만과 불평은 오프라인에서 발생하는 것보다 훨씬 큰 파장을 일으킨다. 이는 온라인의 특성상 정보가 빠르게 전파되고, 이에 대한 반응이 즉시 이어질 수 있기 때문이다. 이러한 변화에 따라 기업은 고객의 불만, 불평에 대한 새로운 대응 전략이 필요하다. 오프라인에서 종결되지 않는 불만, 불평을 어떻게 관리하고 대응할지, 그리고 이러한 불만, 불평을 최소화하기 위한 방법에 대해 고민해야 한다. 이러한 문제에 대한 해결책을 제공하는 것이 바로 이어짐 전략이다. 고객의 불만, 불평을 미리 예측하고 이에 대한 대응 방안을 마련하는 것을 중요하게 여기는 접근법이다.

    감정을 설계하는 행동 심리 CS

예를 들어 고객이 어떤 제품이나 서비스에 대해 불만을 표현할 때, 이어짐 전략을 사용하면 이러한 불만이 다른 고객에게 전파되기 전에 미리 대응하여 문제를 해결할 수 있다. 이는 고객 서비스 팀이 고객의 피드백을 신속하게 처리하고 문제를 해결함으로써 고객의 불만을 줄이고 만족도를 높이는 데 큰 도움이 된다. 또한 이어짐 전략을 통해 기업은 고객의 불만을 기회로 바꾸고 이를 통해 서비스를 개선하여 고객 만족도를 높일 수 있다.

또한 이어짐 전략은 기업이 고객의 불만, 불평을 적극적으로 관리하고 이에 대한 대응 전략을 개발, 실행하는 데 필요한 도구를 제공한다. 이는 고객의 불만, 불평을 적시에 인지하고 대응하는 능력을 향상시키는 데 도움이 된다.

한 의류 쇼핑몰에서는 고객의 불평과 불만에 대한 관리 및 대응 방안으로 이어짐 전략을 효과적으로 실행하고 있다. 고객이 온라인으로 주문한 상품의 배송이 지연되는 문제에 대해 소셜 미디어를 통해 불만을 표현했다. 이 피드백을 확인한 쇼핑몰의 고객 서비스팀은 즉시 해당 문제를 확인하고 배송 지연의 원인을 찾아 고객에게 사과와 함께 상세한 설명을 제공했다. 또한 쇼핑몰은 고객의 불편을 최소화하고 이러한 문제가 재발하지 않도록 내부 시스템을 개선하는 조치를 했다. 더불어 고객에게는 불편함을 보상하기 위해 다음 주문 시 사용할 수 있는 할인 쿠폰을 제공했다.

이 과정은 쇼핑몰의 이어짐 전략의 일환으로 소셜 미디어를 통해 표현된 고객의 불평을 신속하고 적절하게 처리함으로써 고객의 만족을 높이는 데 큰 도움이 된다. 고객은 이후 해당 쇼핑몰에서 더욱 만족스러운 쇼핑 경험을 하고 이를 소셜 미디어에 긍정적인 후기로 남겨 다른 고객에게도 좋은 영향을 끼치고 있다.

이처럼 시대의 흐름에 따라 변하는 고객의 불만, 불평에 대응하기 위해서는 이어짐 전략이 필수적이다. 이를 통해 기업은 고객의 불만, 불평을 적극적으로 관리하고 고객의 만족도를 높일 수 있다. 기업은 고객의 불만, 불평을 기회로 바꿀 수 있다는 것을 기억하자. 이는 CS 전문가가 지향해야 할 핵심 전략 중 하나이며 이를 통해 기업은 지속적인 성장과 발전을 이룰 수 있다.

7

말하기 전 잡아내는
CS 방어 전략

관찰이 성공을 결정짓는다

전쟁에서 승리하기 위해서는 공격만큼이나 방어도 중요하다. 역사적으로 이순신 장군이 지휘하던 전투, 특히 노량 해전에서 그는 적의 공격에 대비한 방어 전략으로 승리를 거두었다. 이처럼 고객 서비스에서도 고객의 불만을 미리 캐치하는 것은 방어 전략의 핵심이다. 고객의 불만을 사전에 인지하고 해결하는 능력은 안전 운전에서 방어 운전처럼 중요하다. 사고를 예방하기 위해 주변의 상황을 면밀히 살피고, 위험 요소를 사전에 차단하는 것과 같다.

CS에서 중요한 것 중 하나는 고객의 불만을 미리 파악하여 해결하는 것이다. 고객이 불만을 표현하기 전에 파악하는 것, 이것이 바로 CS방어 전략의 핵심이다. 이 전략의 핵심 요소는 바로 '관찰'이다. 고객의 행동, 언어, 표정 등을 세심하게 관찰하여 얻은 정보를 바탕으로 고객의 불만을 빠르게 파악해야 한다. 이를 미리 해결함으로써 고객과의 관계를 유지하고 강화할 수 있다. 이는 고객의 기대치와 기업이 제공하는 서비스의 괴리를 줄이는 데 도움이 된다. 고객의 만족도는 그들의 기대치와 실제로 경험하는 서비스 사이의 괴리에서 발생하기 때문이다.

CS방어 전략은 고객이 불만을 직접 표현하기 전에 미리 그 신호를 잡아내 고객의 불만을 최소화하는 데 목표를 두고 있다. 이러한 전략을 효과적으로 실행하려면 고객의 심리를 깊이 이해하는 것이 매우 중요하다. 고객의 기대치를 충족시키거나 넘어서는 서비스를 제공함으로써 고객의 만족도를 높일 수 있다. 이는 고객 서비스의 목표 중 하나로, 이를 통해 고객의 재구매율과 고객 충성도를 높일 수 있다. 따라서 고객의 심리를 세밀하게 이해하고 그들의 기대치를 충족시키는 것이 매우 중요하다.

이제 고객의 심리를 이해하고 불만을 미리 파악하는 방법을 5가지 사례를 통해 알아보겠다.

1. 비밀스러운 고객의 행동 변화

고객의 행동이 갑자기 변하면 이는 불만을 가지고 있다는 신호일 수 있다. 고객의 행동을 세밀하게 관찰하고 분석하여 불만을 미리 인지하고

 감정을 설계하는 행동 심리 CS

대응할 수 있다.

예를 들어 카페에서 매일 아침 똑같이 아메리카노를 주문하던 고객이 갑자기 다른 메뉴를 주문하기 시작했다면 이는 단순한 변화일 수도 있지만, 그 이면에 불만이 있을 수도 있다. 이런 경우, 카페 직원이 고객에게 다가가 "오늘은 아메리카노 대신 다른 메뉴를 선택하신 이유가 있나요?"라고 물어보는 것이 좋다. 이 질문을 통해 고객의 불만을 미리 파악하고 적절한 대응 방안을 마련할 기회를 가질 수 있다.

2. 고객의 언어

고객이 사용하는 언어와 단어에는 그들의 생각과 감정이 담겨 있다. 고객의 말을 심도 있게 듣고 이해하여 불만을 미리 파악하고 대응할 수 있다.

예를 들어 고객이 "커피가 너무 차가워요"라고 했다면 이는 커피 온도에 대한 불만일 수도 있지만, 그 이면에 서비스 질에 대한 불만이 숨어 있을 수도 있다. 이런 경우, 카페 직원이 "죄송합니다. 커피를 다시 만들어 드릴게요. 그리고 다음부터는 좀 더 따뜻한 커피를 원하시면 말씀해주세요."라고 대응하는 것이 좋다. 이 대응을 통해 고객의 불만을 미리 파악하고 적절히 대응할 기회를 가질 수 있다.

3. 고객의 표정과 몸짓

고객의 표정과 몸짓은 그들의 내부적인 감정 상태를 묘사한다. 이러한 비언어적 신호를 잘 해석하고 이해하면 고객의 불만을 미리 감지하고 대응하는 데 도움이 될 수 있다.

고객이 메뉴를 고르는 동안 고민하는 표정을 지었다면 이는 그저 메뉴 선택에 어려움을 겪고 있을 수도 있지만, 그 이면에 메뉴의 다양성이나 설명에 대한 불만이 있을 수도 있다. 이런 경우 카페 직원이 고객에게 다가가 "메뉴를 선택하는 데 어려움이 있으신가요? 제가 도와드릴 수 있습니다."라고 제안하는 것이 좋다. 이 제안을 통해 고객의 불만을 미리 파악하고 적절하게 대응할 기회를 가질 수 있다.

4. 고객의 서비스 이용 패턴

고객이 이용하는 서비스 패턴이 변하면 이는 그들이 불만을 가지고 있다는 확실한 신호일 수 있다. 이런 변화를 미리 파악하고 대응하여 고객의 불만을 미리 해결하고 만족도를 높일 수 있다.

카페에 자주 오던 고객이 갑자기 자주 오지 않기 시작했다면 이는 그저 바쁜 일정 때문일 수도 있지만, 그 이면에 서비스 질에 대한 불만이 있을 수도 있다. 이런 경우 카페 직원이 고객에게 연락을 시도하거나 다음 방문 때 "오랜만에 뵙네요. 요즘 어떻게 지내셨나요?"라고 물어보는 것이 좋다. 이 질문을 통해 고객의 불만을 미리 파악하고 적절하게 대응할 기회를 가질 수 있다.

5. 고객의 피드백은 그들의 만족도를 알려주는 중요한 정보이다.

고객의 피드백을 주의 깊게 듣고 그들의 불만을 미리 파악하여 대응할 수 있다. 고객의 의견과 피드백은 고객 서비스 개선 방향을 제시하는 귀중한 자료이며, 이를 통해 고객 만족도를 더욱 높일 수 있다.

고객이 "여기 커피가 정말 맛있어요. 다만, 좀 더 조용한 공간이 있으면 좋겠어요."라고 피드백을 남겼다면, 이는 칭찬과 함께 소소한 건의일 수도 있지만, 그 이면에 환경에 대한 불만이 있을 수도 있다. 이런 경우, 카페 직원이 "소중한 피드백 감사합니다. 조용한 공간을 마련하는 것을 고려해 보겠습니다."라고 답변하는 것이 좋다. 이 답변을 통해 고객의 불만을 미리 파악하고 적절하게 대응할 기회를 가질 수 있다.

이 모든 것들은 고객 서비스의 핵심적인 요소이다. 고객의 행동 변화, 언어, 표정과 몸짓, 서비스 이용 패턴, 피드백 등을 통해 고객의 불만을 미리 파악하고 대응하는 것은 고객 만족도를 높이는 데 큰 도움이 된다. 이를 통해 고객 만족도를 높이고 장기적으로는 고객 로열티, 즉 재구매와 충성도를 증가시킬 수 있다.

이러한 노력을 통해 CS 전문가는 고객에게 최상의 서비스를 제공하고 그들의 기대를 초월하는 경험을 선사할 수 있다. 이는 단지 고객의 불만을 해결하는 것뿐 아니라 그들의 기대를 초월하는 경험을 제공하는 것을 의미한다. 이런 경험은 고객에게 강력한 긍정적 인상을 남기고 그들이 우리의 서비스를 계속 이용하게 만든다. 이것이 바로 CS 전문가가 고객의 불만을 미리 캐치하고 이에 대응하는 이유이다.

8

블랙컨슈머 행동 신호
예측 전략

서비스를 제공하는 기업에서 고객 불만을 잘 처리하는 것은 중요하다. 그러나 고객들은 각자의 특성과 성향에 따라 다양한 행동 양상을 보인다. 이 중에서도 특히 주의 깊게 다루어야 할 그룹이 바로 블랙컨슈머다. 이들은 일반적인 불만 고객과는 달리, 고의적이고 비합리적인 행동으로 기업에 상당한 스트레스와 피해를 주는 경우가 많다.

불만 고객과 블랙컨슈머는 비슷하면서도 다르다. 그 차이점을 좀 더 구체적으로 살펴보면, 불만 고객은 서비스나 상품에 대한 불만을 가지고 있지만, 이는 대체로 합리적인 이유로부터 비롯되는 경우가 많다. 그래서 해결 방안을 원한다. 반면 블랙컨슈머는 과도한 요구, 압박적인 행동, 피해 의식, 비윤리적인 행동, 불합리한 논리 등의 특징을 보인다.

블랙컨슈머는 서비스나 상품에 대한 합리적인 비판을 넘어 비합리적인 수준의 과도한 요구를 하기도 한다. 기업을 압박하여 자신의 요구를 강요하는 경우가 많다. 자신이 피해자라는 인식을 가질 가능성이 크다. 이로써 자신의 행동을 정당화하려 한다. 종종 비윤리적인 행동을 보이는데 이는 기업의 규정이나 법률을 무시하는 행위를 포함한다. 마지막으로 불합리한 논리를 사용하여 자신의 행동을 정당화한다.

그렇다면 블랙컨슈머가 보이는 이런 행동 신호를 어떻게 읽고 이해할 수 있을까? 블랙컨슈머의 심리를 이해하고 그에 따른 행동 신호를 정확하게 포착하는 능력이 필요하다. 이를 위해 다음과 같은 5가지 예측 전략을 사용할 수 있다.

예측 1. 불합리한 요구

서비스 제공자의 정책과 상식적인 범위를 벗어나는 요구를 하는 경우가 있다. 상품 구매 후 극히 오랜 시간이 지나서도 환불을 요구하는 것이 그런 경우다. 예를 들어 한 소비자는 구매한 상품의 사용 기한이 지나서도 환불을 요구했고, 이를 거절하자 소비자 권익 단체에 신고하는 등 불합리한 행동을 보였다.

전략: 블랙컨슈머의 요구가 일반적인 서비스 수준이나 기업의 정책을 벗어나는지 확인한다. 블랙컨슈머의 요구가 비합리적인지 판단할 수 있다.

감정을 설계하는 행동 심리 CS

예측 2. 과장된 피해 주장

블랙컨슈머는 자신이 겪은 문제를 과장하여 주장하는 경우가 있다. 예를 들어 한 블랙컨슈머는 자신이 사용한 제품에서 미세한 결함을 발견하고, 이로 인해 큰 피해를 입었다고 과장된 주장을 했다. 그러나 제품의 결함은 제품 사용에 큰 지장을 주는 수준은 아니었으며, 실제로 그와 같은 피해를 입을 수 없는 상황이었다.

전략: 블랙컨슈머의 주장이 사실에 근거하고 있는지, 과장되었는지 확인한다. 그들의 주장이 실제와 일치하는지 판단할 수 있다.

예측 3. 고의적인 피해 주장

블랙컨슈머는 문제를 고의적으로 만들거나 서비스 제공자에게 피해를 주기 위해 문제를 제기하는 경우가 있다. 예를 들어 한 블랙컨슈머는 주문한 음식에 자신이 넣은 머리카락이 있다며 피해를 주장했다. 이런 경우, 문제를 스스로 만들어 서비스 제공자에게 피해를 주려는 목적을 가지고 있다.

전략: 블랙컨슈머의 주장이 이전 행동 패턴과 일치하는지, 그리고 그 주장이 합리적인 근거를 가지고 있는지 판단한다. 이를 통해 블랙컨슈머의 주장이 고의적인지 판단할 수 있다.

예측 4. 강력한 권리 주장

블랙컨슈머는 자신의 권리를 과도하게 주장하는 경우가 있다. 예를 들어, 구매한 상품의 미세한 결함을 이유로 상품 전액 환불을 요구했다. 상품의 결함은 미세한 수준이었고, 전액 환불을 요구하기에는 부적절한 수준이었다.

전략: 블랙컨슈머의 권리 주장이 과도하게 강한지 확인한다. 이를 통해 블랙컨슈머가 권리를 과도하게 주장하고 있는지 판단할 수 있다.

예측 5. 과도한 소비자 운동

블랙컨슈머는 때때로 소비자 운동을 이용하여 서비스 제공자를 공격하는 경우가 있다. 예를 들어, 상품에 미세한 결함이 발견되자 소비자 단체에 신고했다. 이후 이 사건을 더욱 부풀려 서비스 제공자에게 큰 피해를 주려 했다.

전략: 블랙컨슈머가 소비자 운동을 이용해 과도하게 서비스 제공자를 공격하는지 확인한다. 이를 통해 블랙컨슈머가 과도한 소비자 운동으로 문제를 제기하고 있는지 판단할 수 있다.

블랙컨슈머의 행동 신호를 포착하고 그에 따른 예측 전략을 세우는 것은 서비스 제공자에게 중요한 능력이다. 이를 통해 블랙컨슈머로 인해 생기는 문제를 미리 예방하고 그에 따른 피해를 최소화할 수 있다. 이러한 예측 전략을 통해 서비스 제공자는 블랙컨슈머와의 상호작용을 더욱 원활하게 관리할 수 있으며, 이는 곧 서비스 제공자의 전반적인 서비스 수준 향상으로 이어질 것이다. 결국 이러한 과정은 서비스 제공자가 블랙컨슈머에게 영향을 덜 받고 더욱 안정적인 서비스를 제공하는 데 도움이 될 것이다.

9

FBI처럼 고객을 예측하고 방어하는 행동 전략 시스템

FBI는 냉철한 분석과 예측으로 사건을 해결한다. 이는 고객 서비스도 마찬가지다. 그들이 범죄를 예측하고 방어하는 방식을 활용해 고객 행동을 예측하고 대응하는 방식을 개발해 보자. 이 과정에서 AI는 우리의 훌륭한 파트너가 된다. AI가 수만 건의 대화 데이터를 분석해 고객의 이탈 징후를 먼저 걸러내 준다면, 우리는 그 데이터를 바탕으로 '왜?'라는 질문을 던지며 고객의 숨은 의도를 파악하는 직관을 발휘하면 된다. 기술은 차가운 숫자를 제공하고, 사람은 그 숫자 뒤에 숨겨진 감정의 맥락을 완성한다. 이것이 바로 AI 시대에 우리가 지향해야 할 진화된 행동 전략 시스템이다. 고객 행동을 정확하게 예측하고 적절히 대응하는 전략은 CS 전문가가 가져야 할 행동 전략의 핵심이다.

첫 번째, 고객 행동 패턴을 분석하자. 즉 고객 데이터를 수집하는 것이다. FBI는 사건 해결을 위해 다양한 정보를 수집하고 분석한다. 이처럼 CS 전문가도 고객의 구매 이력, 클레임 기록, 소통 내용 등 다양한 고객 데이터를 수집하고 분석해야 한다. 이 데이터 분석을 통해 고객 행동 패턴, 선호도, 불만 사항 등을 파악할 수 있다.

두 번째, 예측 모델을 구축하자. FBI는 수집한 정보를 바탕으로 사건 해결을 예측한다. 이와 같이 CS 전문가도 고객의 미래 행동을 예측하는 모델을 구축해야 한다. 이를 통해 고객이 어떤 제품을 선호할지, 어떤 서비스에 만족하거나 불만을 느낄지를 예측할 수 있다.

마지막으로, 예측한 고객의 행동에 대응하는 전략을 세우는 것이다. 고객이 특정 제품에 불만을 가질 것으로 예측된다면, 미리 문제를 해결하거나 다른 제품을 추천하는 등의 대응 전략을 세울 수 있다.

이렇게 FBI처럼 고객의 행동을 예측하고 방어하는 전략은 CS 전문가에게 중요한 능력이다. 이를 통해 고객 서비스의 효율성을 높이고, 고객 만족도를 향상시킬 수 있다. 따라서 대한민국 최고의 CS 전문가가 되고 싶다면 이러한 전략을 효과적으로 활용해야 한다.

고객 행동의 미묘한 변화를 감지하는 초기 신호를 파악하라

고객 만족을 위해 개인화된 서비스 전략을 설계하고 실행하는 것은 고객의 미묘한 행동 변화에 대응하는 과정에서 중요한 단계이다. 초기 신호를 통해 파악된 고객의 요구와 문제를 해결하기 위해 CS 전문가들은 고객의 개별적인 선호와 이력을 깊이 분석하여 맞춤형 솔루션을 제공해야 한다. 예를 들어, 특정 제품에 대해 빈번한 문의를 하는 고객에게는 해당 제품의 사용법을 상세히 안내하는 개인화된 가이드를 제공할 수 있다. 또한 고객의 구매 패턴을 분석하여 그들이 관심을 가질 만한 제품을 제안하는 것도 전략이 될 수 있다. 고객 중심의 개인화된 서비스 전략을 통해 고객의 만족도를 극대화하고 충성고객을 육성하는 데 기여할 수 있다. 이는 단순히 문제를 해결하는 것을 넘어 고객과의 관계를 강화하고, 고객의 지속적인 가치를 창출하는 과정이다.

비언어적 신호와 언어적 표현을 종합적으로 분석하여 고객의 진짜 의도를 파악하라

고객의 비언어적 신호에 대한 이해를 바탕으로 개인화된 서비스 제안을 개발하는 것은 고객 서비스를 더욱 향상시키는 핵심적인 전략이다. 비언어적 신호와 언어적 표현을 통합적으로 분석하여 얻은 깊은 이해는 고객의 명시적인 요청을 넘어 그들의 숨겨진 욕구와 감정을 파악하는 데 도움을 준다. 고객이 서비스에 대해 불편함을 느낄 때, 그들의 목소리 톤이나 말의 속도에서 이를 감지하여 고객에게 안심시키는 맞춤형 커뮤니케이

선을 제공할 수 있다. 또한 고객이 특정 제품에 관심을 보이지만 구매를 주저하는 신호를 보낼 때, 이를 포착하여 맞춤화된 제품 정보나 특별 할인을 제안함으로써 고객의 결정을 지원할 수 있다. 이처럼 고객의 비언어적 신호를 해석하고 이를 기반으로 개인화된 서비스를 제공함으로써 고객은 더욱 가치 있고 만족스러운 서비스 경험을 하게 되며, 이는 고객 충성도와 장기적인 고객 관계를 강화하는 데 기여한다.

고객 대응 전략에 심리학적 원리를 적용하라

고객 대응 전략에 심리학적 원리를 적용하여 효과적인 소통 방법을 개발하는 것은 고객 서비스 분야에서 중요한 과제 중 하나이다. 이러한 방법론은 고객과의 관계를 더욱 강화하고 긍정적인 경험을 제공하기 위해 필수적이다. 심리학적 원리를 적용한 소통 방법의 첫 번째는 고객의 감정과 욕구를 이해하는 것이다. 고객이 느끼는 감정과 그에 기반한 욕구를 파악하면 더 나은 상호작용을 위한 기반을 마련할 수 있다. 다음으로 고객의 관점에서 상황을 바라보는 능력이 중요하다. 고객 입장에서 문제를 인식하고 이해함으로써 고객이 느끼는 불편을 해소하고 긍정적인 경험을 제공할 수 있다. 또한 심리학적 원리를 활용한 소통 방법은 고객과의 상호작용에서 긍정적인 감정을 유지하는 데 중요하다. 고객이 긍정적인 경험을 하면 고객의 충성도를 높이고 브랜드 이미지를 향상시키는 데 도움이 된다. 따라서 고객 대응 전략에 심리학적 원리를 적용한 효과적인 소통 방법은 고객 서비스 분야에서 더욱 효율적이고 지속적인 성공을 이끌어내는 데 큰 역할을 할 것으로 기대된다.

살펴본 바와 같이 행동 전략 시스템은 고객 서비스의 질을 높이는 핵심 요소로서 고객의 행동 예측과 그에 대한 방어 전략을 세우는 것을 중심으로 한다. 이는 고객의 행동 변화를 빠르게 파악하고 이에 적절하게 대응하여 고객 만족도를 극대화하는 데 기여한다. 고객의 행동을 깊이 이해하고 그에 따른 서비스를 제공하는 것은 고객 서비스의 성공에 가까워진다. 이러한 전략은 고객 서비스의 미래를 예측하고, 이에 대비하는 데 큰 도움이 된다. 이는 고객 서비스의 새로운 패러다임을 제시하는 중요한 방향성을 보여준다.

행동 심리로 보는 고객 성향

고객 중에도 서비스를 받을 '자격 있는 고객'이 있다

모든 기업은 고객 중심이지만, 모든 고객이 똑같지는 않다. 각 고객은 고유한 특성과 요구를 지닌다. 이를 이해하고 존중하는 것이 중요하다. 여기서 말하는 '자격'은 고객의 인격이나 등급을 나누는 잣대가 아니다. 서비스의 가치를 알아보고, 그 가치를 지키기 위해 기꺼이 상호 존중의 태도를 갖춘 이들을 뜻한다. 모든 사람에게는 변화와 성장의 가능성이 있지만, 그 가능성이 실제 '변화'로 이어지려면 서로의 결이 맞는 '그릇'이 먼저 준비되어야 한다. 우리의 에너지는 한정되어 있기에, 그 가치를 함께 소중히 여길 줄 아는 고객에게 집중하는 것이야말로 서비스의 본질을 지키는 가장 용기 있는 선택이다. 기업은 서비스 그릇에 담기는 고객, 즉 제품이나 서비스를 진정으로 필요로 하는 고객을 정확히 파악해 공략해야 한다. 이러한 고객은 기업의 제품이나 서비스에 특별한 관심을 가지고 필요로 하므로, 그들을 깊이 이해하고 요구를 충족시키면 큰 이익을 얻을 수 있다. 특정 고객을 공략한다는 것은 나머지 고객을 외면하겠다는 뜻이 아니다. 오히려 우리의 철학에 공감하는 고객에게 최상의 경험을 제공함으로써, 그들이 우리 서비스 안에서 더 큰 성장을 이룰 수 있도록 돕는 것에 가깝다. 에너지를 분산시키는 대신 선택된 고객의 경험과 변화에 몰입할 때, 비로소 우리가 지향하는 '성장의 가능성'은 증명될 수 있다. 이것이 바로 서비스의 선순환을 만드는 전략적 집중이다. 따라서 모든 고객을 똑같이 대할 것이 아니라, 각 고객의 특성과 요구를 이해하고 맞춤 서비스를 제공해야 한다. 기업의 경쟁력을 강화하고 싶다면, 서비스 그릇에 담기는 고객을 반드시 공략해야 한다.

고객 서비스에 담기는 고객은 그 서비스의 가치를 인식하고 그 가치에 맞춰 행동한다

고객은 서비스의 질과 내용을 중요시하며, 이를 통해 기업과의 관계를 평가한다. 자신의 기대와 필요를 충족하는 서비스에 더 높은 가치를 부여하고 이에 따라 긍정적인 반응을 보인다. 기업은 고객이 인식하는 가치를 정확히 파악하고, 이를 기반으로 서비스를 개선하며, 고객의 기대를 충족시키거나 그 이상이어야 한다. 이 과정에서 고객 만족도를 높이고,

감정을 설계하는 행동 심리 CS

장기적인 고객 관계를 구축하는 것이 중요하다.

고객 가치 인식의 영향을 받는 구체적인 서비스 사례 분석을 통해 고객이 서비스 가치를 어떻게 인식하고, 그에 따라 어떤 행동 변화를 보이는지 깊이 이해할 수 있다. 예를 들어 고객의 취향을 저격하는 맞춤형 커피 구독 서비스는 단순한 커피 배달을 넘어 개인의 일상에 특별함을 더하는 경험을 제공한다. 고객의 선호도를 섬세하게 분석해 매월 제공되는 개인화된 커피는 마치 바리스타가 내 취향을 완벽히 이해하고 정성껏 내려준 듯한 만족감을 준다. 이러한 '나만을 위한' 서비스는 고객에게 높은 가치를 제공하며 단순한 상품 구매를 넘어 브랜드와의 특별한 관계를 형성하게 한다. 실제 고객 피드백에서도 이 서비스가 커피 그 이상의 가치를 제공하며 만족도와 충성도를 크게 향상시켰음을 확인할 수 있다.

이 사례는 고객 가치 인식이 서비스의 품질과 내용을 어떻게 변화시키는지, 그리고 고객의 기대를 뛰어넘는 서비스가 장기적인 관계 구축에 얼마나 중요한 역할을 하는지 명확하게 보여준다. 기업은 이러한 사례 분석을 통해 고객의 필요와 기대를 정확히 파악하고 이를 충족시키는 서비스 전략을 수립해야 한다. 고객 가치 인식과 행동 사이의 상관관계를 면밀히 분석하여 서비스 개선을 위한 구체적이고 효과적인 방안을 모색해야 한다.

이를 통해 고객 만족도를 극대화하고 경쟁력을 강화하며 장기적인 고객 관계를 구축하는 탄탄한 기반을 마련할 수 있다. 궁극적으로 고객의 마음을 사로잡는 특별한 경험을 제공해 브랜드 충성도를 높이고 지속적인 성장을 이끌어낼 수 있다. 결국 '자격 있는 고객'이란 우리가 제공하는 가치 위에서 함께 춤을 출 준비가 된 파트너들이다. 이들과 맺는 단단한 관계는 서비스 현장의 스트레스를 줄여줄 뿐만 아니라, 우리가 더 나은 서비스를 고민할 수 있는 여유와 동기를 제공한다. 성장의 씨앗이 비옥한 토양에서 싹트듯, 상호 존중이 전제된 관계 위에서만 진정한 고객 경험의 혁신은 일어난다.

서비스 개선, 고객 가치를 향해 나아가다

서비스 개선의 핵심은 고객의 기대를 뛰어넘는 맞춤형 서비스를 제공하는 것이다. 그러기 위해서는 고객이 서비스에 대해 어떤 가치를 느끼는지 정확히 파악해야 한다. 깊이 있는 시장 조사와 고객 분석을 통해 고객의 현재 가치 인식과 기대를 꼼꼼하게 살펴보는 것이 첫걸음이다.

이러한 분석을 토대로 고객 경험을 향상시킬 수 있는 구체적인 개선점을 찾아내고 실현 가능한 실행 계획을 세워야 한다. 디지털 기술을 활용해 고객 서비스 프로세스를 효율적으로 바꾸거나 고객의 목소리를 즉각적으로 반영할 수 있는 시스템을 구축하는 것도 좋은 방법이다. 중요한 것은, 이러한 개선이 실제로 고객의 가치 인식을 높이고 만족도와 충성도를 향상시킬 수 있도록 구체적이고 실현 가능한 목표를 설정하는 것이다.

마지막으로 세운 전략과 실행 계획이 제대로 효과를 내고 있는지 지속적으로 살피고 평가해야 한다. 필요하다면 재빠르게 계획을 수정할 수 있는 유연성도 갖춰야 한다. 이러한 과정을 통해 기업은 끊임없이 서비스를 개선하고, 고객 가치를 극대화하며 시장에서의 경쟁력을 키워나갈 수 있다.

배고픔을 넘어 감동으로, A 음식 배달 서비스의 성공 스토리

한 음식 배달 서비스 기업 A사는 고객 가치를 최우선으로 생각하며 서비스를 개선하여 큰 성공을 거두었다. A사는 고객의 목소리에 귀 기울여 시장 조사 결과, 고객들이 '정확한 배달 시간'과 '맛있는 음식'을 가장 중요하게 생각한다는 것을 알게 되었다. 이에 A사는 GPS 기술을 이용해 배달원의 위치를 실시간으로 파악하고 고객에게 정확한 배달 예상 시간을 알려주는 시스템을 도입했다. 마치 친구가 오는 길을 실시간으로 확인하듯, 내 음식이 어디쯤 오고 있는지 알 수 있게 된 것이다. 또한 맛있는 음식을 제공하기 위해 제휴 음식점에 대한 정기적인 품질 점검을 시행하고 기준에 미치지 못하는 음식점과는 과감하게 제휴를 중단하는 결정을 내렸다.

이러한 노력은 고객의 기대를 뛰어넘는 서비스를 제공하려는 A사의 진심을 보여주는 것이었다. 결과적으로 A사는 고객 만족도와 충성도를 크게 높여 경쟁이 치열한 배달 시장에서 굳건한 위치를 차지할 수 있었다. A사의 성공 스토리는 고객 가치를 중심에 둔 서비스 개선이 기업의 성장에 얼마나 큰 영향을 미치는지를 보여주는 훌륭한 사례다.

서비스 개선, 멈추지 않는 성장의 엔진

고객 가치를 중심에 둔 서비스 개선은 단순한 변화가 아닌, 기업의 지속적인 성장을 이끌어내는 강력한 엔진과 같다. 마치 자동차 엔진이 끊임없이 움직이며 목적지까지 나아가도록 힘을 주듯, 고객 가치에 대한 깊이 있는 이해와 끊임없는 개선 노력은 기업을 성공으로 이끄는 원동력이 된다. 고객의 목소리에 귀 기울이고, 그들의 기대를 뛰어넘는 서비스를 제공하기 위한 혁신적인 아이디어를 끊임없이 발굴해야 한다. 이를 통해 고객 만족도를 높이고, 브랜드 충성도를 강화하며, 궁극적으로 기업의 가치를 증대시킬 수 있다.

고객 가치 중심의 서비스 개선은 단기적인 성과에 급급하기보다 장기적인 관점에서 고객과의 파트너십을 구축하는 과정이다. 고객의 변화하는 요구에 발맞춰 끊임없이 서비스를 개선하고 발전시켜 나가는 것이 중요하다. 이러한 노력은 고객에게 더 나은 경험을 제공할 뿐만 아니라, 기업의 지속 가능한 성장을 위한 핵심 동력이 될 것이다. 변화를 두려워하지 않고, 끊임없이 고객의 가치를 탐색하고 서비스를 개선해 나가는 기업

감정을 설계하는 행동 심리 CS

만이 미래 시장에서도 살아남을 수 있다. 고객 가치를 향한 끊임없는 노력, 그것이 바로 기업의 성장 엔진을 움직이는 핵심 연료이다.

기적같은 고객 관계, 로열티 프로그램으로 완성하다

고객과의 관계를 끈끈하게 만들고 싶다면, 고객의 마음을 읽고 그들의 기대를 뛰어넘는 서비스를 제공해야 한다. 단순히 물건을 판매하는 것을 넘어, 고객 한 명 한 명에게 특별한 가치를 선사하는 것이 중요하다. 고객 로열티 프로그램은 이러한 목표를 달성하기 위한 강력한 도구다. 한 소매업체의 사례처럼 개인화된 쇼핑 경험과 맞춤형 혜택을 제공해 고객 개개인의 특별한 순간을 함께 축하하고, 고객의 소중한 의견을 적극적으로 수렴하여 서비스를 끊임없이 개선해 나가는 노력은 고객의 마음을 사로잡고 브랜드에 대한 깊은 신뢰를 심어준다.

고객을 향한 진심 어린 관심과 노력은 단순한 만족을 넘어 감동을 선사하며, 이는 곧 흔들리지 않는 충성도로 이어진다. 고객 로열티 프로그램은 이러한 선순환 구조를 만들어내는 핵심 열쇠다. 고객의 가치를 최우선으로 생각하고, 그들의 기대를 뛰어넘는 서비스를 제공하는 기업만이 진정한 고객 로열티를 얻을 수 있다. 고객의 마음을 움직이고 싶은가? 감동적인 경험을 하게 하라. 이를 통해 기적같은 고객 관계를 만들어 나갈 수 있을 것이다. 지금 바로, 당신의 고객을 위한 특별한 로열티 프로그램을 시작하길 바란다.

　고객 서비스는 단순한 업무 처리를 넘어 고객과의 소통을 통해 가치를 창출하고 기업과 고객 간의 관계를 강화하는 중요한 활동이다. 고객의 가치 인식을 정확하게 파악하고, 이를 기반으로 한 맞춤형 서비스를 제공하는 것은 기업의 성공적인 성장을 위한 필수적인 요소가 될 것이다.

믿을 고객과
방어해야 할 고객

서비스 그릇에 담긴 고객, 신뢰와 불신 사이에서 길을 찾다

앞서 우리는 모든 고객이 다르다는 것을 알았고, 특히 서비스의 가치를 인식하고 이에 따라 행동하는 고객을 '서비스 그릇에 담기는 고객'이라고 정의했다. 이제는 이러한 고객들을 더 깊이 이해하기 위해 그들이 기업에 느끼는 신뢰와 불신이라는 두 가지 핵심 감정에 대해 집중적으로 살펴보겠다.

신뢰와 불신, 고객 관계의 양면성

고객과의 관계는 단순히 서비스 제공을 넘어 신뢰라는 견고한 기반 위에서 구축되어야 한다. 신뢰는 고객과 기업 사이의 유대감을 강화하고, 장기적인 관계 형성에 필수적인 요소다. 반면, 불신은 관계를 악화시키고, 고객 이탈로 이어질 수 있다.

특징	신뢰하는 고객	불신하는 고객
기업과의 관계	긍정적, 장기적	부정적, 단기적
정보에 대한 태도	개방적, 수용적	의심적, 비판적
문제 해결 방식	협력적	대립적
충성도	높음	낮음

신뢰하는 고객의 특징

① **긍정적이고 장기적인 관계**: 신뢰하는 고객은 기업과의 과거 경험이 대체로 긍정적이었기 때문에 기업에 호감을 가지고 오랫동안 거래를 이어나가는 경향이 있다.

② **개방적이고 수용적인 태도**: 새로운 제품이나 서비스에 대해 비교적 개방적이며, 기업의 정보를 믿고 따르는 편이다.

③ **협력적인 문제 해결**: 문제가 발생하더라도 기업을 탓하기보다는 함께 해결책을 찾으려는 자세를 보인다.

④ **높은 충성도**: 다른 경쟁사의 제품보다 기업의 제품을 우선적으로 선택하고, 주변 사람들에게 기업을 추천하는 경우가 많다.

불신하는 고객의 특징

① **부정적이고 단기적인 관계**: 과거에 불쾌한 경험을 했거나 기대했던 서비스를 받지 못했기 때문에 기업에 대한 불신을 가지고 있으며 관계 지속을 꺼려한다.

② **의심적이고 비판적인 태도**: 기업의 정보에 대해 의심을 품고, 모든 정보를 꼼꼼히 따져보는 경향이 있다.

③ **대립적인 문제 해결**: 문제가 발생하면 기업을 비난하고, 자신의 권리를 주장하며 대립하는 자세를 보인다.

④ **낮은 충성도**: 다른 경쟁사의 제품을 쉽게 선택하며, 기업에 대한 부정적인 입소문을 퍼뜨릴 가능성이 높다.

신뢰와 불신, 고객의 마음을 움직이는 힘

고객의 마음속에 자리 잡은 신뢰와 불신은 기업과의 관계를 좌우하는 가장 강력한 힘이다. 마치 저울의 양쪽 추처럼, 신뢰는 관계를 굳건하게 만들고, 불신은 관계를 끊어버리는 결정적인 역할을 한다. 고객의 신뢰와 불신을 결정짓는 것은 아래 4가지 경우가 있다.

1. 과거의 기억이 현재를 지배한다 : 과거 경험의 힘

한 번의 불쾌한 경험은 마치 잉크병을 쏟아낸 것처럼 고객의 마음속에 커다란 얼룩을 남긴다. 반면, 긍정적인 경험은 작은 씨앗처럼 신뢰라는 나무를 키워나간다. 고객은 과거의 경험을 바탕으로 기업에 대한 평가를 형성하며, 이는 곧 신뢰와 불신으로 이어진다.

2. 투명성이 신뢰를 만든다 : 정보 고객의 중요성

고객은 더 이상 속임수에 넘어가지 않으므로 기업은 모든 정보를 투명하게 공개하고 고객의 의견에 귀 기울여야 한다. 숨겨진 정보나 불투명한 의사결정은 고객의 불신을 야기하여 관계를 악화시킨다.

3. 말과 행동이 일치해야 한다 : 일관성의 중요성

고객은 기업의 말과 행동이 일치하기를 기대한다. 약속을 지키지 못하거나, 말과 행동이 다른 기업은 고객의 신뢰를 잃게 된다. 일관된 모습을 보여주는 것은 신뢰 구축의 가장 기본적인 요소이다.

4. 진심으로 고객을 대하라 : 고객 중심적인 태도

고객의 문제를 진심으로 해결하려는 기업의 노력은 고객의 마음을 움직인다. 고객의 목소리에 귀 기울이고, 적극적으로 문제 해결에 나서는 모습은 고객에게 강한 신뢰감을 심어준다.

결론적으로, 신뢰는 단순한 감정이 아니라, 고객과 기업 사이의 약속이다. 고객의 신뢰를 얻기 위해서는 과거 경험을 소중히 여기고 투명성을 확보하며 일관된 모습을 보여주고 고객 중심적인 태도를 유지해야 한다. 신뢰를 얻은 기업은 고객 충성도를 높이고, 시장 경쟁력을 강화하며, 위기 상황에서도 흔들리지 않는 탄탄한 기반을 마련할 수 있다.

신뢰와 불신, 어떻게 활용할 것인가?

고객의 신뢰와 불신이 기업과의 관계에 미치는 영향력이 얼마나 큰지 알아보았다. 이제는 이러한 신뢰와 불신을 어떻게 활용하여 고객과의 관계를 더욱 발전시킬 수 있을지 구체적인 전략을 살펴보자.

1. 데이터 기반의 맞춤형 전략 : 고객을 깊이 이해하다

고객은 모두 다르다. 각 고객은 고유한 특성과 니즈를 가지고 있으며, 이를 정확하게 파악하는 것이 중요하다. 데이터 분석을 통해 고객의 구매 이력, 웹사이트 방문 기록, 고객센터 문의 내용 등을 종합적으로 분석하면 각 고객의 신뢰도를 측정하고 그에 맞는 맞춤형 전략을 수립할 수 있다.

신뢰도 측정: 데이터 분석을 통해 고객의 행동 패턴을 분석하여 신뢰도를 수치화할 수 있다. 예를 들어 자주 구매하는 고객, 고객센터 문의 건수가 적은 고객 등을 통해 신뢰도를 측정할 수 있다.

맞춤형 전략 수립: 신뢰도가 높은 고객에게는 새로운 제품이나 서비스를 우선적으로 소개하고 특별한 혜택을 제공하여 관계를 더욱 강화할수 있다. 반대로 신뢰도가 낮은 고객에게는 투명하고 명확한 정보를 제공하고 불만을 적극적으로 해결하여 신뢰를 회복해야 한다.

2. 맞춤형 커뮤니케이션 : 고객과의 소통 강화

모든 고객에게 동일한 방식으로 소통하는 것은 효과적이지 않다. 고객의 신뢰도에 따라 맞춤형 커뮤니케이션 전략을 수립해야 한다.

신뢰하는 고객에게는 새로운 제품이나 서비스 정보를 가장 먼저 제공하고, 특별 할인 혜택이나 이벤트 초대로 VIP 고객임을 느끼게 해주는 것이 좋다.

불신하는 고객에게는 투명하고 명확한 정보를 제공하고, 불만을 적극적으로 해결하여 신뢰를 회복해야 한다. 문제 해결 과정에서 고객의 의견을 경청하고 문제 해결에 대한 진심을 보여주는 것이 중요하다.

 감정을 설계하는 행동 심리 CS

신뢰는 하루아침에 만들어지는 것이 아니다. 지속적인 노력을 통해 신뢰를 구축하고 유지해야 한다.

일관된 서비스 제공: 고객에게 약속한 것을 지키고, 항상 일관된 서비스를 제공해야 한다.

고객 의견 경청: 고객의 의견을 적극적으로 수렴하여 개선에 반영하는 모습을 보여주는 것이 중요하다.

사회적 책임 실천: 사회적 책임을 다하는 모습은 기업 이미지를 향상시키고, 고객의 신뢰를 얻는 데 큰 도움이 된다.

위기 상황에서 신뢰 회복하기

위기는 모든 기업이 마주할 수 있는 불가피한 현실이다. 제품 결함, 서비스 장애, 불미스러운 사건 등 예상치 못한 상황은 기업의 명성을 훼손하고 고객의 신뢰를 잃게 할 수 있다. 하지만 위기는 단순한 위협이 아니라 기업이 더욱 성장할 수 있는 기회가 될 수도 있다. 위기는 기업의 진정한 가치를 드러내는 시험대이다. 위기 상황에서 기업이 어떻게 대처하는지에 따라 고객의 신뢰는 더욱 공고해지거나 완전히 무너질 수도 있다. 다음은 위기 상황에서 신뢰를 회복하기 위한 구체적인 전략이다.

투명한 소통: 문제 발생 시 신속하게 사실을 알리고, 진솔하게 사과하며, 해결 방안을 명확히 제시해야 한다. 적극적인 문제 해결을 위해 피해 고객에게 진심으로 사과하고 보상하며, 문제의 근본 원인을 찾아 재발 방지에 힘써야 한다.

고객과의 지속적인 소통: 다양한 채널을 통해 고객의 의견을 경청하고, 문제 해결 과정을 투명하게 공개해야 한다. 장기적인 관점에서 단순히 문제 해결에 그치지 않고 기업 시스템 전반을 개선하여 유사한 문제가 발생하지 않도록 노력해야 한다.

결국 위기는 기업의 선택이다. 위기를 불신으로 이어질 기회로 삼을지, 아니면 신뢰를 강화할 기회로 삼을지는 전적으로 기업의 자세에 달려 있다. 신뢰를 선택한 기업은 위기를 넘어 더욱 성장하고, 고객과의 깊은 유대감을 형성하며, 시장에서의 경쟁 우위를 확보할 수 있을 것이다.

"신뢰 or 불신", 이는 단순한 선택이 아니다. 기업의 미래를 결정하는 중요한 터닝포인트다.

지금, 여러분의 기업은 어떤 선택을 하고 있는가?

변화된 서비스에 만족하는 고객의 특징

변화의 물결, 그 중심에 서 있는 당신

세상은 빠르게 변화하고 있다. 스마트폰 하나로 세상과 연결되고 인공지능이 우리의 일상을 바꾸는 시대가 되었다. 이 변화의 물결 속에서 새로운 기술을 탐험하고 변화를 즐기는 사람들이 있다. 바로 '혁신 고객'이다. 혁신 고객은 최신 기술 트렌드에 누구보다 더 민감하다. 새로운 스마트폰이 출시되면 누구보다 먼저 줄을 서고 인공지능 스피커와 대화하며 하루를 시작한다. 그들은 변화를 두려워하지 않고 새로운 아이디어나 제안에 열린 마음으로 다가간다. 마치 스펀지처럼 새로운 정보를 흡수하고 삶에 적용하는 능력이 뛰어나며, 남들과 다른 것을 추구하며 자신만의 개성을 표현하는 것을 즐긴다.

혁신 고객은 단순히 변화를 따라가는 것을 넘어 변화를 만들어내는 데도 적극적으로 참여한다. 새로운 제품이나 서비스를 사용해 보고 자신의 경험을 다른 사람들과 공유하며 트렌드를 이끌어가고, 그들의 목소리는 세상을 움직이는 힘이 된다.

변화하는 세상, 변화를 즐기는 고객

새로운 기술에 대한 열정: 최신 기술 트렌드에 민감하며 새로운 가젯을 사용해보는 것을 즐긴다.

개방적인 마음: 새로운 아이디어나 제안에 대해 열린 마음으로 수용하고 적극적으로 참여한다.

빠른 정보 습득 능력: 새로운 정보를 빠르게 습득하고, 이를 활용하는 능력이 뛰어나다.

독립적인 사고: 남들과 다른 것을 추구하고 자신만의 개성을 표현하고 싶어한다.

사회적 영향력: 새로운 제품이나 서비스를 다른 사람들에게 소개하고 트렌드를 만들어나가는 데 영향력을 행사한다.

감정을 설계하는 행동 심리 CS

변화를 즐기는 고객의 심리

혁신 고객은 왜 변화를 즐기는 것일까? 그들의 마음속에는 다음과 같은 열정이 숨 쉬고 있다.

새로운 경험에 대한 갈증: 혁신 고객은 늘 새로운 것을 경험하고 싶어 한다. 그들에게 변화는 삶에 활력을 불어넣는 에너지다. 매일 같은 일상에 지루함을 느낄 때 새로운 기술은 그들에게 신선한 자극과 즐거움을 선사한다.

자기표현 욕구: 혁신 고객은 남들과 다른 것을 추구하며 자신만의 개성을 표현하고 싶어 한다. 새로운 기술은 그들의 개성을 드러내는 도구이자 세상에 자신을 알리는 방법이다.

성취감: 혁신 고객은 새로운 것을 배우고 새로운 경험을 통해 성취감을 얻고 싶어 한다. 그들은 새로운 기술을 익히고 이를 활용하여 문제를 해결하며 성장하는 자신을 발견한다.

소속감: 혁신 고객은 자신과 비슷한 생각을 가진 사람들과 공동체를 형성하고 싶어 한다. 새로운 기술로 만난 사람들과 함께 정보를 공유하고 서로에게 영감을 주며 함께 성장해나간다.

혁신 고객은 변화를 두려워하지 않고 오히려 변화를 즐기며 세상을 바꿔나가는 사람들이다. 그들은 새로운 기술로 더 나은 미래를 만들어가는 데 앞장서고 있다.

변화를 즐기는 고객을 위한 서비스 전략

혁신 고객을 만족시키려면 다음과 같은 서비스 전략이 필요하다.

① 베타 테스터 프로그램 운영: 새로운 제품이나 서비스를 가장 먼저 경험할 기회를 제공하여 고객의 참여를 유도한다.

② 커뮤니티 활성화: 고객들이 서로 소통하고 정보를 공유할 수 있는 온라인 커뮤니티를 운영하여 브랜드에 대한 충성도를 높인다.

④ 개인화된 경험 제공: 각 고객의 개성과 취향을 고려하여 맞춤형 서비스를 제공해 만족도를 높일 수 있다.

⑤ 스토리텔링: 제품이나 서비스에 스토리를 부여해 고객의 감성에 호소하고 특별한 경험을 제공할 수 있다.

⑥ 한정판 제품 출시: 희소성을 강조한 한정판 제품을 출시해 수집욕을 자극하고 고객의 구매 욕구를 높인다.

변화를 즐기는 고객과의 소통

혁신 고객과의 소통은 단순한 정보 전달을 넘어 쌍방향 커뮤니케이션으로 이루어져야 한다. 혁신 고객들은 소셜 미디어를 통해 정보를 얻고, 다른 사람들과 소통하는 것을 좋아한다. 기업은 소셜 미디어를 활용하여 고객과의 소통을 강화하고, 새로운 아이디어를 얻을 수 있다. 또한 고객 패널을 구성해 새로운 제품이나 서비스에 대한 의견을 수렴하고 고객의 니즈를 파악할 수 있으며, 혁신 고객을 위한 다양한 이벤트와 프로모션을 진행하여 참여를 유도하고 브랜드에 대한 긍정적인 이미지를 심어줄 수 있다.

변화를 즐기는 고객은 기업 성장을 이끄는 핵심 고객이다. 이들은 새로운 아이디어에 대한 수용성이 높고, 기업의 변화를 지지하는 강력한 지지층이 될 수 있다. 따라서 기업은 이러한 고객과의 관계를 지속적으로 발전시켜야 한다.

예를 들어 스마트폰 제조사는 새로운 기능을 먼저 경험하고 싶어 하는 초기 도입자들을 위해 베타 테스터 프로그램을 운영하고 이들의 피드백을 반영하여 제품을 개선할 수 있다. 또한, 온라인 커뮤니티를 통해 고객들과 소통하며, 새로운 기능에 대한 아이디어를 얻고, 고객들의 기대를 충족시킬 수 있다.

기업은 이러한 혁신 고객의 마음을 이해하고 그들의 요구에 부응하는 제품과 서비스를 제공해야 한다. 혁신 고객은 단순한 소비자를 넘어 기업의 성장과 발전에 중요한 역할을 하는 파트너이다. 변화의 시대, 혁신 고객과 함께 더 나은 미래를 만들어나가자. 혁신 고객의 열정과 에너지는 우리 모두에게 새로운 가능성을 열어줄 것이다.

4

고객의 메시지는
행동 속에 있다

고객의 행동이 말하는 진짜 이야기,
숨겨진 메시지를 찾아라

요즘 세상은 데이터 홍수 시대라고 해도 과언이 아니다. 웹사이트 방문, 앱 사용, 심지어 물건 구매 등 우리가 어떤 행동을 할 때마다 엄청난 양의 데이터가 생성되고 축적된다. 이 데이터는 고객의 마음을 읽는 돋보기처럼 고객이 무엇을 원하고 어떤 경험을 추구하는지 낱낱이 보여준다. 특히 새로운 것에 대한 열정을 가진 혁신적인 고객의 행동을 분석하면 기업은 미래 시장을 선도할 귀중한 통찰력을 얻을 수 있다.

고객 행동 분석: 탐정처럼 숨겨진 진실을 파헤쳐라

고객 행동 분석은 탐정이 범인을 추적하듯 고객의 행동 하나하나를 면밀히 관찰하고 분석하는 과정이다. 웹사이트에서 어떤 페이지에 가장 오래 머무르는지, 어떤 상품에 관심을 보이는지, 심지어 스마트폰 앱을 어떤 순서로 사용하는지 등 모든 데이터가 분석 대상이다. 이 분석을 통해 우리는 고객이 무엇을 원하고 어떤 점에 불편을 느끼는지 정확하게 파악할 수 있다.

혁신 고객의 행동 분석: 미래 트렌드를 읽다

혁신적인 고객은 새로운 기술이나 서비스에 대한 수용성이 높고 다른 사람들에게 영향을 미치는 경우가 많다. 이들의 행동을 분석하면 미래 시장 트렌드를 예측하고 새로운 사업 기회를 발굴할 수 있다. 혁신 고객이 어떤 새로운 기능이나 서비스에 열광하는지 분석하면 이를 바탕으로 새로운 제품이나 서비스를 개발할 수 있다.

데이터 기반 맞춤형 서비스: 고객 마음 사로잡기

데이터 분석으로 얻은 정보를 바탕으로 고객에게 더욱 맞춤형 서비스를 제공할 수 있다. 특정 상품에 관심을 보이는 고객에게는 관련 할인 쿠폰을 제공하거나, 비슷한 상품을 추천해 주는 것이다. 이러한 맞춤형 서비스는 고객에게 특별한 경험을 제공하고, 기업에 대한 충성도를 높이는 데 큰 도움이 된다.

데이터가 이끄는 미래, 고객과 함께 성장하기

데이터 분석은 단순히 정보를 수집하는 것을 넘어 고객과의 소통을 강화하고 기업의 성장을 이끄는 핵심적인 역할을 한다. 특히 혁신적인 고객의 행동을 분석하여 미래 시장을 선도할 수 있는 새로운 기회를 발굴해야 한다. 데이터를 활용하여 고객의 니즈를 정확히 파악하고 맞춤형 서비스를 제공한다면 고객과 기업은 함께 성장할 수 있을 것이다. 데이터는 고객의 마음을 읽는 열쇠다.

5

대한민국 최고의 CS 전문가의 행동 예측 노하우

나는 몇 해 동안 특정 브랜드 텀블러를 사용하고 있다. 단순히 커피를 마시는 도구를 넘어, 그 텀블러는 나의 일상에 없어서는 안 될 소중한 물건이 되었다. 매일 아침 텀블러에 커피나 차를 담아 강의장을 이동하는 순간 활기찬 하루를 시작할 수 있는 에너지를 얻곤 한다. 이 브랜드 텀블러는 단순히 커피나 차를 담는 용기가 아니라 내가 추구하는 가치와 라이프스타일을 상징하는 하나의 아이콘이 되었다. 이 글에서는 고객의 마음을 읽는 능력, 즉 고객 행동 예측에 대한 모든 것을 파헤쳐보고자 한다. 데이터 분석부터 섬세한 관찰, 그리고 진정한 소통까지, 고객의 마음을 사로잡는 비밀을 함께 풀어나가겠다. 어떠한가? 벌써부터 궁금증이 생기지 않는가?

고객의 마음을 읽는 능력, CS 전문가의 핵심 역량

뛰어난 CS 전문가는 고객의 말과 행동을 통해 그들의 숨은 니즈와 불만을 미리 파악하고, 이를 통해 고객 만족도를 극대화한다. 이러한 능력은 단순히 경험이나 직감에 의존하는 것이 아니라, 체계적인 분석과 섬세한 관찰을 통해 얻어진다.

핵심 역량 1 | 데이터 분석, 고객 행동 패턴을 읽다.

과거 데이터 활용: 고객의 과거 구매 이력, 문의 내용, 서비스 이용 패턴 등을 분석하여 미래 행동을 예측할 수 있다. 특정 제품을 자주 구매하는 고객에게 관련 상품을 추천, 불만을 제기했던 고객에게 추가적인 지원을 제공하는 등 맞춤형 서비스를 제공한다.

실시간 데이터 분석: 웹사이트 방문 기록, 검색어, 장바구니 담기 등 실시간 데이터를 분석하여 고객의 현재 관심사와 니즈를 파악할 수 있다. 이를 통해 고객에게 필요한 정보를 적시에 제공하고, 잠재적인 불만을 사전에 예방할 수 있다.

핵심 역량 2 | 섬세한 관찰, 고객의 마음을 읽다.

비언어적 신호 파악: 고객의 표정, 몸짓, 목소리 톤 등 비언어적 신호는 그들의 감정 상태를 나타내는 중요한 단서이다. 긍정적인 반응을 보이

감정을 설계하는 행동 심리 CS

는 고객에게는 추가적인 서비스를 제공하고 부정적인 반응을 보이는 고객에게는 문제 해결을 위한 적극적인 지원을 제공해야 한다.

언어 분석: 고객이 사용하는 단어 선택, 문장 구조, 어조 등을 분석하여 그들의 숨은 의도와 감정을 파악할 수 있다. 예를 들어, "좀 실망스럽네요"라는 말은 단순한 불만 표현을 넘어 서비스 개선에 대한 요구를 내포하고 있을 수 있다.

핵심 역량 3 | 공감과 소통, 고객과의 유대감 형성

적극적인 경청: 고객의 말에 귀 기울이고 그들의 입장에서 공감하는 태도를 보여야 한다. 고객의 감정을 이해하고 존중하는 것은 신뢰를 구축하고 문제 해결을 위한 협력적인 관계를 형성하는 데 도움이 된다.

명확하고 친절한 의사소통: 고객의 질문에 정확하고 간결하게 답변하고 어려운 용어나 전문적인 설명은 피해야 한다. 친절하고 긍정적인 태도로 소통하며 고객에게 편안함과 안정감을 제공해야 한다.

고객 행동 예측 비밀 노하우 활용 사례: 맞춤형 여행 상품 추천

한 여행사는 고객 데이터 분석과 섬세한 관찰을 통해 고객 만족도를 높이는 데 성공했다.

예측 방법	핵심 설명	활용 방안	CS 전문가 행동 요령
데이터 분석	과거 데이터 분석을 통해 미래 행도 예측	고객 세분화, 맞춤형 서비스, 이탈 고객 관리	데이터 분석 시스템 구축, 개인화된 경험 제공, 선제적 대응
실시간 데이터 분석	실시간 데이터 분석을 통해 현재 관심사와 니즈 파악	맞춤형 콘텐츠 제공, 즉각적인 지원, 불안 사전 예방	웹/앱 분석 도구 활용, 실시한 데이터 수집 및 분석, 맞춤형 콘텐츠/서비스 제공
비언어적 신호 파악	표정, 몸짓, 목소리 톤 등으로 감정 상태 파악	고객 감정 이해, 맞춤형 응대, 불만 해소	직원 교육 및 훈련, 적극적 경첨 및 공감, 섬세한 대응
언어 분석	단어 선택, 문장 구조, 어조 등으로 숨은 의도 파악	숨은 니즈 파악, 문제 해결 및 개선, 효과적 소통	텍스트 분석 도구 활용, 고객 의견 분석, 고객 언어 이해
공감과 소통	적극적 경청과 명확하고 친절한 의사소통	신뢰 구축, 협력적 관계 형성, 문제 해결, 긍정적 경험 제공	직원 교육 및 훈련, 경청 및 공감 능력 함양, 명확하고 친절한 소통 기술 개발

데이터 분석: 과거 여행 이력, 검색 기록, 선호하는 여행 스타일 등을 분석하여 고객에게 맞춤형 여행 상품을 추천했다. 예를 들어, 가족 여행을 자주 떠나는 이들에게는 아이들을 위한 체험 프로그램이 포함된 상품을, 혼자 여행을 즐기는 고객에게는 자유로운 일정의 상품을 추천했다.

섬세한 관찰: 상담 과정에서 고객의 표정과 목소리 톤을 주의 깊게 살펴 망설이거나 불안해하는 고객에게는 추가적인 정보를 제공하고 안심시켰다. 또한 고객이 사용하는 단어나 표현을 통해 숨은 니즈를 파악하고 이를 충족시킬 수 있는 맞춤형 옵션을 제시했다.

이러한 노력 덕분에 여행사는 고객 만족도를 높이고 재구매율을 향상시키는 성과를 얻을 수 있었다. 고객들은 "내가 원하는 여행을 정확히 추천해줘서 감동했다", "친절하고 세심한 상담 덕분에 여행 준비가 즐거웠다" 등의 긍정적인 피드백을 남겼다.

고객 행동을 예측하는 능력은 CS 전문가의 차별화된 경쟁력이다. 데이터 분석과 섬세한 관찰을 통해 고객의 숨은 니즈를 파악하고, 이를 충족시키는 맞춤형 서비스를 제공함으로써 고객 만족도를 극대화하여 기업의 성장에 기여할 수 있다.

예측 불가? NO! 고객의 마음을 읽는 CS교육은 놀라운 변화를 만듭니다

문제 상황: 한 통신사 콜센터는 밀려드는 고객 문의와 불만 처리에 어려움을 겪고 있었다. 상담원들은 고객의 다양한 요구에 제대로 대응하지 못해 불만이 쌓여 갔고, 이는 곧 이탈과 기업 이미지 하락으로 이어졌다. 콜센터 박 팀장은 상담원들의 역량 강화를 위해 다양한 교육 프로그램을 시도했지만, 눈에 띄는 성과를 거두지 못하고 있었다.

새로운 교육, 고객 행동 예측: 나는 박 팀장의 고민을 듣고 상담원들의 CS 역량 강화를 위한 새로운 교육 프로그램을 제안했다. 핵심은 바로 '고

1. 고객 기본 정보

고객 유형	☐ 신규 고객 ☐ 재방문 고객 ☐ 불만 고객 ☐ VIP고객 ☐ 기타 ( )
접점 채널	☐ 오프라인 ☐ 전화 ☐ 채팅/메신저 ☐ 이메일 기타 ( )
날짜/시간	
담당지원	

2. 관찰된 고객 행동 및 언어

언어적 표현	
비언어적 신호	
실시간 반응	

3. 고객 니즈 및 감정 예측

예상되는 감정 상태	☐ 긍정적 기대 ☐ 불만/불안감 ☐ 방어적 태도 ☐ 신뢰감 형성 중 ☐ 미지수
고객의 숨은 니즈	

4. 대응 전략 설계

맞춤형 응대 전략	
사용할 화법/언어	
예상 리스크 대응	

5. 사후 피드백 및 학습 포인트

고객의 최종 반응	☐ 만족함 ☐ 미온적 ☐ 불만족함 ☐ 재방문 의사 표현 ☐ 기타 ( )
오늘 이 케이스에서 배운점	
유사 고객 대응에 활용 팁	

객 행동 예측'이었다. 단순히 응대 매뉴얼을 숙지하는 것을 넘어 고객의 행동 패턴을 분석하고 예측하여 선제적으로 대응하는 능력을 키우는 것이 목표였다.

데이터 분석과 롤플레잉: 먼저 상담원들에게 고객 데이터 분석의 중요성을 강조했다. 과거 상담 이력, 구매 패턴, 서비스 이용 현황 등 다양한 데이터를 분석해 고객의 성향과 니즈를 파악하고, 이를 바탕으로 맞춤형 상담 전략을 수립하도록 교육했다. 또한, 실제 상황을 가정한 롤플레잉을 통해 다양한 고객 유형에 대한 대응 능력을 키우고, 긍정적인 고객 경험을 제공하는 방법을 익히도록 했다.

공감과 소통 능력 향상: 고객의 말과 행동에 숨겨진 감정을 읽어내고 공감하는 능력은 CS 전문가에게 필수적인 역량이다. 상담원들에게 적극적인 경청과 공감 표현의 중요성을 강조하고, 긍정적인 언어와 태도로 고객과 소통하는 방법을 교육했다. 또한, 까다로운 고객 응대 시에도 침착함을 유지하고 문제 해결에 집중하는 훈련을 통해 상담원들의 자신감을 높였다.

놀라운 변화: 교육 후, 상담원들의 변화는 놀라웠다. 그들은 더 이상 수동적으로 고객의 문의에 응답하는 것이 아니라, 고객의 숨은 니즈를

파악하고 선제적으로 해결 방안을 제시했다. 또한, 진심어린 공감과 긍정적인 소통을 통해 고객과의 유대감을 형성하고 신뢰를 얻었다.

고객 만족도 급상승: 고객 만족도 조사 결과는 이러한 변화를 증명했다. 고객들은 "상담원이 내 마음을 이해해주는 것 같아 기뻤다", "문제 해결 과정이 빠르고 만족스러웠다" 등 긍정적인 피드백을 남겼다. 콜센터는 더 이상 불만의 온상이 아닌 고객 감동을 선사하는 공간으로 변화했다.

CS와 관련된 일을 하고 있다면, 이 비밀 노트를 꼭 활용해 보길 바란다. 같은 말만 되풀이되는 교육이 싫증났다면, 교육을 받아도 변화가 없다면, 다른 곳과 차별화된 서비스를 제공하고 싶다면, 이 비밀 노트가 그 답을 알려줄 것이다. 고객 행동 예측 교육은 상담원들의 CS 역량을 한 단계 끌어올리고 고객 만족도를 극대화하는 데 큰 역할을 했다. 이는 곧 기업 이미지 개선과 매출 증대로 이어졌다. 고객의 마음을 읽고 움직이는 CS 전문가, 그들의 능력은 기업의 성공을 위한 핵심 열쇠이다. 끊임없는 교육과 노력을 통해 고객 행동 예측 능력을 향상시키고 고객 감동을 실현하는 CS 전문가로 성장하길 바란다.

6

고객의 '말'이 아닌
'행동 언어'를 들어라

'냄새가 선을 넘었네'의 숨겨진 언어

"어휴, 냄새가 선을 넘었네." 영화 '기생충'에서 부잣집 사모님이 가난한 기정이의 발 냄새에 질색하며 내뱉는 이 한마디는 단순한 불쾌감 표현 같지만, 칼날처럼 날카로운 사회적 거리감과 계급적 우월감을 '냄새'라는 행동 언어로 강렬하게 드러내는 명장면이다. 이처럼 고객은 입술 너머의 언어뿐 아니라 온몸으로 '진짜 속마음'을 끊임없이 이야기한다. 때로는 불편한 침묵으로, 때로는 불안한 손짓으로 말이다. 마치 빙산의 일각처럼, 고객이 뱉는 말은 그들의 감정과 의도의 아주 작은 부분일 수 있다. 수면 아래 숨겨진 거대한 빙산을 읽어내는 능력, 이것이 바로 고객 만족을 넘어 감동을 선사하는 CS 전문가의 핵심 역량이다! 지금부터 고객의 '몸'이 속삭이는 진실을 낱낱이 파헤쳐 당신의 CS 역량을 한 단계 업그레이드해 보자.

고객은 때때로 가면을 쓴다. 속으로는 부글부글 끓어도, 입으로는 "네, 알겠습니다"라고 앵무새처럼 되뇔 수 있다. 하지만 어깨는 진실을 안다. 시선은 거짓말을 못 한다. 손짓은 불안감을 고백한다. 이처럼 행동 언어는 고객의 숨겨진 감정을 비추는 마음의 거울과 같다. 겉으로는 괜찮다고 하지만, 굳어진 어깨나 떨리는 목소리는 불편함이나 불만을 감추고 있다는 적신호일 수 있다. 마치 X-레이처럼, 행동 언어는 고객의 숨겨진 감정을 꿰뚫어 볼 수 있는 강력한 도구다. 고객이 "만족합니다"라고 말하면서도 왠지 모르게 불편한 표정을 짓는다면? 행동 언어는 진실 감별사처럼, 말과 행동의 불일치를 포착하여 고객의 진짜 의도를 파악하는 결정적인 단서를 제공한다. 고객의 미묘한 표정 변화나 몸짓에 진심으로 공감하며 즉각적으로 반응하는 당신의 모습은, 굳게 닫힌 고객의 마음의 댐을 허물고 신뢰라는 튼튼한 다리를 놓아줄 것이다. 장기적인 관계는 바로 이러한 섬세한 공감 능력에서 시작된다.

고객의 행동 언어는 마치 숨은 그림 찾기처럼, 무심코 지나칠 수 있는 작은 신호들 속에 고객의 감정과 의도가 숨겨져 있다. 이 퍼즐 조각들을 하나씩 맞춰나가면, 고객의 마음을 더욱 선명하게 이해할 수 있다. 행동 언어는 크게 표정, 몸짓, 시선, 음성 네 가지 채널을 통해 전달된다. 지금부터 각 채널별 해독 매뉴얼을 살펴보자.

본격적인 기술을 익히기에 앞서 우리는 한 가지를 분명히 경계해야 한다. 행동 심리라는 강력한 도구가 자칫 고객을 분석의 대상으로만 가두는 차가운 기술이 되어서는 안 된다는 점이다. 우리가 고객의 미묘한 움직임을 읽어내는 진짜 이유는 그들을 조종하기 위해서가 아니라, 차마 말로 다 하지 못한 그들의 '망설임'과 '불편함'을 우리가 먼저 알아차려 주기 위함이다. 진심이 빠진 분석은 AI의 알고리즘보다 공허할 뿐이다. 진짜 전문가의 기술은 '당신을 더 깊이 이해하고 싶다'라는 따뜻한 호기심에서 시작된다.

1. 얼굴은 감정의 전광판이다

미소는 만족, 친근함, 긍정의 신호! 하지만 눈가 주름 없는 미소는 '자동 미소'일 뿐! 진짜 미소는 눈 주변 근육까지 활짝 웃는다. 찡그림은 불만, 불편, 고통의 적신호! 미간에 잡힌 주름은 '불편 알람', 굳게 다문 입술은 '불만 폭탄' 직전일 수 있다. 눈썹은 감정 변화의 초고속 센서! 번쩍 치켜 올라간 눈썹은 놀람이나 의문의 '팝업창', 찡그린 눈썹은 분노나 슬픔의 '블랙 스크린'이다. 입술은 긴장, 불안, 흥분의 감정 온도계! 입술을 깨물거나 주변을 만지작거리는 손은 '불안 온도' 상승, 활짝 벌어진 입은 '흥분 지수' 최고이다.

2. 몸짓은 솔직한 보디랭귀지다

팔짱은 방어 모드 ON! 마음의 철옹성을 쌓고 경계 태세를 취하는 신호다. 다리 꼬기는 불안, 긴장, 지루함의 흔들리는 징표! 마치 초조한 발끝처럼 마음도 불안하게 흔들릴 수 있다. 끄덕임은 동의, 이해, 긍정의 와이파이 신호! 고객이 고개를 끄덕이는 것은 당신의 설명에 접속 성공했다는 의미다. 손짓은 말에 감정을 실어 나르는 제스처 택배! 손짓의 크기와 속도는 감정의 강도를 나타내는 볼륨 조절기다. 몸 기울임은 관심 집중! 당신에게 레이더를 고정하고 이야기에 빨려 들어갈 준비 완료이다.

3. 시선은 마음의 창문이다

정면 응시는 자신감 뿜뿜! 당신에게 레이저 빔을 쏘며 솔직함과 진실성을 어필하는 중이다. 시선 회피는 불안, 죄책감, 거짓말의 숨바꼭질! 고객의 시선이 방황한다면 무언가를 숨기고 있을 가능성이 있다. 시선 고정은 강렬한 관심일 수도, 불편한 압박일 수도! 마치 독수리의 눈처럼 당신을 뚫어지게 쳐다본다면, 상황을 주의 깊게 살펴야 한다.

4. 목소리는 감정의 멜로디다

목소리 톤은 감정 상태를 노래하는 멜로디! 낮고 느린 톤은 진지함의 베이스 음, 높고 빠른 톤은 흥분의 하이 톤이다. 말의 속도는 심리 상태를 반영하는 템포다. 빠른 속도는 긴장이나 불안의 빠른 비트, 느린 속도는

감정을 설계하는 행동 심리 CS

편안함이나 지루함의 느린 박자다. 억양은 감정의 뉘앙스를 살리는 악센트다. 억양의 변화는 감정의 롤러코스터, 단조로운 억양은 무관심의 평온함이다.

잠깐! 당신의 자세는 지금… 혹시 팔짱을 낀 채 이 글을 읽고 있진 않은가? 다리를 꼬고 있나? 아니면 편안하게 기대앉아 있는가? 당신의 자세는 지금 당신의 감정 상태를 솔직하게 말해주는 무음의 외침이다.

고객과의 소통은 단순한 정보 주고받기가 아니라 감정이라는 나침반을 따라 고객의 니즈라는 목적지에 도달하는 섬세한 여정이다. 고객의 행동 언어를 효과적으로 해석하고 활용해 고객 만족도를 극대화하는 9가지 비법을 공개한다! '맥락'이라는 안경을 쓰고 '숨은 그림' 찾기처럼 고객과 대화하는 동안 셜록 홈즈처럼 예리한 관찰력을 발휘해야 한다. 단순히 단어에 집중하지 말고, 표정, 몸짓, 시선, 목소리 톤의 변화를 종합적인 맥락 속에서 포착해야 한다.

① **입꼬리 각도 & 속도**: 미세한 떨림까지 포착! 살짝 올라간 입꼬리는 '호감', 빠르게 활짝 벌어진 입꼬리는 '최고의 만족' 신호다. 반대로, 미세하게 처진 입꼬리는 '불안', 확연히 내려간 입꼬리는 '절망'의 그림자다.

② **눈썹 찡그림 횟수**: '불쾌 알람'의 횟수를 세어라! 눈썹 안쪽 찡그림은 '이해 불가' 또는 '불만 감지', 전체 찡그림은 '고통', '분노'의 적색 경고 등이다. 지속 시간과 강도는 감정 격렬함의 볼륨이다.

③ **눈 맞춤 & 시선 방향**: '마음의 창'으로 향하는 시선의 흐름을 읽어라! 잦은 회피는 '불안', '거짓', '수줍음'의 안개! 적절한 아이컨택은 '신뢰'의 레이저 빔! 특정 물건에 머무는 시선은 '관심'의 자석!(가격표 → 가격 민감, 브랜드 → 디자인 관심)

④ **미세한 몸 움직임**: 몸이 보내는 '무음 메시지'에 귀 기울여라! 팔짱은 '방어', 다리 떨림은 '초조', 몸을 앞으로 기울이면 '집중', 뒤로 젖히면 '거리 두기' 신호!

⑤ **목소리 톤 & 속도 & 억양**: '감정 멜로디'의 변화를 감지하라! 높아진 톤은 '흥분' 또는 '긴장'의 볼륨 UP! 빨라진 속도는 '불안 초조'의 속도 위반! 억양 변화는 '감정 롤러코스터', 단조로운 억양은 '무관심'의 평온함!

⑥ **반응 속도**: '망설임'이라는 침묵의 의미, 고객의 답변 속도는 '마음의 속도'를 반영한다.

⑦ **즉각적인 답변**: '이해도 만점', '확신 100%'의 긍정 신호!

⑧ **느린 답변**: '생각 회로 과부하', '뭔가 찜찜'의 망설임 신호!

⑨ **행동의 망설임**: 주문이나 결정 전 멈칫거리는 행동은 '정보 부족', '불안', '다른 선택지 염탐 중'일 수 있다.

 감정을 설계하는 행동 심리 CS

하지만, 어떤 행동도 '단독 범행'은 없다. 마치 종합 예술처럼 고객의 감정과 의도는 다양한 행동 언어가 어우러져 표현된다. 팔짱을 낀 고객이 환하게 웃고 있다면, 방어적인 것이 아니라 편안함 속에서 생각에 잠겨 있을 수 있다는 것을 기억해야 한다. 상황이라는 캔버스 위에 그려진 고객의 모든 언어를 종합적으로 해석하는 지혜가 필요하다.

이번 장을 통해 당신은 고객의 침묵까지 번역하는 CS 전문가로 한 단계 성장할 것이다. 고객의 진심을 읽고 마음을 움직이는 공감 능력은 당신을 단순한 상담사에서 고객 만족의 마에스트로로 만들어 줄 것이다. 숨 쉬듯이 고객의 마음을 읽어라. 그것이 바로 최고의 CS다!

7

한 사람의 말에 휘둘리지 않는 커뮤니케이션

"괜찮아. 진짜 아무 일도 아니야." 정말 그럴까? 말로는 괜찮다고 하는데, 눈은 피하고, 목소리는 낯설고, 어깨는 딱딱하게 굳어 있다. 가까운 친구가 이런 말을 한다면, 당신은 그 말을 믿고 지나칠 수 있을까? 사람은 생각보다 자주 감정을 숨긴다. 말은 사회적인 방패다. 하지만 몸은 거짓말을 못 한다.

몸이 먼저 말하는 사람들

"그냥 둘러보는 거예요."

"다음에 올게요."

"괜찮습니다. 됐어요."

고객의 말은 정중하다. 하지만 정중함 뒤에 숨어 있는 감정은 표정, 손끝, 발끝에서 흐른다. 말은 표면이고, 행동은 본심이다. 진짜 감정은 몸이 먼저 말하고 있었다는 것을 우리는 늘 나중에 깨닫는다.

1. '괜찮아요'라는 말보다 더 확실한 진실

부산의 한 백화점. 직원이 고객 옷에 실수로 손이 닿았다. "괜찮아요"라는 말과 함께 고객은 미소를 지었지만 눈은 흔들렸고, 표정은 얼어 있었고, 손끝이 떨렸다. 그녀는 몇 분 뒤, 고객센터에 전화를 걸어 항의했다. 진심은 입보다 몸에서 먼저 흘러나온다.

2. 감정은 말투보다 자세에서 샌다

불안한 고객은 다리를 꼬고 손을 만지작거린다. 화난 고객은 낮은 목소리로 말하지만, 눈썹은 바짝 찡그러져 있다. 무관심한 고객은 말을 하면서도 어깨를 축 늘어뜨리고 시선을 내린다. 표정, 자세, 손끝, 이 행동들은 모두 고객의 감정 상태를 가리키는 감정 온도계다. 말은 포장되지만, 행동은 감정을 감춘 적이 없다.

3. 말, 행동, 그리고 상황이라는 삼각형

말만 믿고 접근하면 고객의 진심을 놓치게 된다. 행동을 보지 않으면 헛발질하고, 상황을 고려하지 않으면 타이밍을 놓치게 된다.

가구 매장에서 "그냥 둘러보는 거예요"라고 말하던 고객. 그러나 그는 같은 쇼파를 계속 만졌고, 앉았다 일어났다를 반복했고, 거울 앞에서 오랜 시간을 보냈다. 직원이 "이 쇼파는 허리 부담이 적어요. 혹시 영화 자주 보세요?"라고 말하자, 고객은 "딱 그런 걸 찾고 있었어요"라고 답했다. 말은 부정이었지만, 행동과 맥락은 확실한 긍정이었다.

4. 행동에 반응하는 사람은 다르게 보인다

고객이 굳은 얼굴로 "괜찮습니다"라고 말할 때, "혹시 조금 불편하셨던 점이 있으셨을까요?"라고 질문하고 손끝이 머뭇거릴 때, "고민되는 부분 있으시면 편하게 말씀해 주세요."라고 말해야 한다. 말은 듣고 넘길 수 있지만, 행동에 공감으로 반응하는 사람은 '진짜 내 마음을 본 사람'으로 기억된다.

5. 고객을 읽는 질문 세 가지

고객의 말을 들었다면, 그다음엔 스스로에게 물어야 한다. "지금 저 말이 진심일까?", "말과 행동 중 어느 쪽이 더 정확할까?", "나는 지금 이 감정을 제대로 보고 있는가?" 이 질문 하나가 당신의 응대 방식 전체를 바꿔놓는다. 반응하는 사람이 아닌, 예측하고 대응하는 사람으로.

     감정을 설계하는 행동 심리 CS

6. 가장 빠른 불만은 입이 아니라 걸음에서 나온다

호텔 프런트에서 고객이 "감사합니다"라고 말하며 체크아웃을 했다. 하지만 그 순간 시선은 데스크를 피했고, 표정은 굳었으며, 발걸음은 빠르고 무거웠다. 다음 날 그는 "욕실 수압이 너무 약해 실망스러웠다"고 피드백을 남겼다. 직원은 조용히 이탈 징후를 읽었고, 다음 방문 시 개선 상황을 먼저 안내했다. 고객은 다시 웃으며 돌아왔다. 불만은 말보다 먼저 '몸'으로 드러난다.

말은 감정을 숨기지만 행동은 감정을 드러낸다. 고객을 제대로 읽고 싶은가? 그들의 입이 아닌 몸을 먼저 관찰하라. 흔들리는 고객을 읽는 눈이, 결국 흔들리지 않는 당신을 만든다. 고객의 말에 반응하는 건 누구든 할 수 있다. 하지만 행동을 먼저 읽어내는 순간, 관계는 달라진다. 말보다 행동을 먼저 읽는 사람이, 결국 고객의 선택을 받는다.

예측 불가능한
고객의 언어 표현

"그냥 좀 아쉬웠어요"라는 한마디에 담긴 의미는 무엇일까? 진짜 아쉬웠던 건지, 아니면 실은 굉장히 불만인데 돌려 말한 건지. 고객의 말은 친절하지만, 그 속은 종종 복잡하다. 그리고 그 복잡함을 풀지 못하면 우리는 좋은 고객을 놓치고 불만을 예고 없이 맞닥뜨린다. 고객의 언어는 단순하지 않다. 그 말은 진심일 수도, 에둘러 표현한 감정일 수도 있다. 그러니 고객의 말을 들을 땐 단어보다 먼저 뉘앙스를 읽고 내용보다 더 깊이 '의도'를 들여다봐야 한다.

감정을 설계하는 행동 심리 CS

말은 포장지다, 진짜 감정은 안에 있다

"괜찮아요.", "아, 뭐… 그럴 수도 있죠.", "생각보다 괜찮았어요." 이런 말들을 들으면 보통은 '별 문제 없었구나' 하고 넘어간다. 하지만 정말 괜찮았던 고객이라면 이런 말 대신 환한 미소와 함께 "너무 좋았어요!"라고 말하지 않았을까? 고객의 언어는 종종 사회적 관계 속에서 '예의'를 포장지 삼아 감정을 숨긴다. 불편함을 느꼈지만 예민하게 보일까봐 조심스러울 수도 있고, 불만은 있지만 굳이 말을 해봤자 해결되지 않을 것이라는 포기일 수도 있다. 그렇기에 고객의 말을 표면적으로만 해석하면 안 된다. '말의 내용'을 믿을 게 아니라, '말이 선택된 이유'를 해석해야 한다.

고객의 언어는 정답이 없다, 그래서 더 위험하다

실제로 CS 현장에서 가장 오해가 많이 생기는 순간은 고객이 괜찮다고 했지만 뒤늦게 컴플레인으로 이어졌을 때다. 예를 들어보자.

고객: "괜찮아요, 뭐 그럴 수도 있죠."

직원: "아 네, 감사합니다!"

그날 저녁, 고객센터에 항의 접수가 되었다. 직원은 고객이 괜찮다고 했기 때문에 상황이 잘 마무리됐다고 여긴다. 하지만 고객은 '내가 이렇게까지 얘기했는데도 별다른 반응이 없었다'며 오히려 실망한다. 이런 충돌은 '표현은 정중하지만, 감정은 분명히 존재했던' 그 간극에서 시작된다.

말은 항상 진심과 같은 방향을 향하지 않는다

사람은 감정을 말로 다 표현하지 않는다. 표현에는 '필터'가 있다. 그
필터는 다음과 같은 이유로 작동한다.

① 감정을 직접 드러내는 게 어색해서

② 상대에게 불쾌하게 보일까 걱정돼서

③ 이미 마음속으론 체념하고 있어서

그래서 어떤 고객은 화가 나도 화를 내지 않는다. 불만이 있어도, 괜
찮다고 말한다. 오히려 가장 분노한 고객일수록 말은 점점 짧고 단정적이
되어간다. "됐어요, 아니요, 괜찮습니다"와 같은 짧은 말들은 문장이 아니
라 '경계선'이다. 더 이상 가까이 오지 말라는 무언의 메시지이기도 하다.

예측 불가능한 언어 속에서도 감정의 흔적은 남는다

고객의 언어는 예측할 수 없다. 하지만 고객의 감정은 감출 수 없다.
그 흔적은 말의 속도, 억양, 표정, 손동작, 침묵의 길이, 말의 흐름 속에 고
스란히 드러난다. 고객의 말을 듣고 나서 다음을 관찰하라.

① 말을 빠르게 쏟아냈는가? → 감정이 격해져 있거나 방어 중일 수

감정을 설계하는 행동 심리 CS

있다.

② 톤이 부자연스럽게 낮거나 높지는 않은가? → 감정을 눌렀거나 과장했을 수 있다.

③ 말을 하면서 시선을 자꾸 피하는가? → 불안, 죄책감, 혹은 불만을 숨기고 있을 수 있다.

④ 말의 끝이 모호하게 흐려졌는가? → 확신 없는 표현이거나, 솔직함을 피하고 있을 수 있다.

말을 어떻게 했는지, 무엇을 했는지보다 중요한 것은 "왜 그렇게 말했는가?"이다. 진짜 소통은 해석에서 시작된다. 고객의 언어를 있는 그대로 받아들이는 순간, 놓치는 것이 생긴다. '해석'은 그 말 뒤에 숨은 감정을 꺼내는 기술이다. 예를 들어, "그냥 둘러보는 중이에요"라는 말 뒤에 숨은 것은 '관심은 있는데 방어 중'일 수도 있고 "다음에 올게요"라는 말은 '지금 결정을 내리기엔 망설여진다'는 의미일 수 있다. 단어보다 맥락을, 말보다 흐름을 보는 눈이 필요하다. 그리고 그것은 고객을 진심으로 알고자 하는 마음에서 출발한다.

고객의 언어는 늘 친절하지만, 그 속을 쉽게 읽히지 않는다. 때론 뾰족하고, 때론 조용히 멀어진다. 하지만 분명한 것은 이것이다. 말을 믿는 사람은, 오해할 수 있다. 말을 읽는 사람은 공감할 수 있다. 고객의 신뢰는 그 '차이'에서 갈린다.

고객이 따르는
'움직이는 언어' 만들기

말 한마디에 고객이 다시 돌아왔어요

현장에서 자주 듣는 이야기지만, 어떤 말이었는지는 잘 기억나지 않는다. 기억나는 건 그 말이 이상하리만치 따뜻하고 배려 깊었으며, 마음을 움직였다는 것이다. 고객의 마음은 숫자로 계산되지 않는다. '좋은 말'보다 '움직이는 말'이 고객 행동을 바꾼다. 단순히 안내하거나 설명하는 말은 잊힌다. 그러나 감정을 건드리는 말은 기억되고, 다시 찾아오게 만든다.

그렇다면 고객이 진심으로 반응하고 행동하게 만드는 말은 어떻게 만들어야 할까? 이 장에서는 행동을 유도하는 언어의 심리 원리와 구체적인 실천 방법을 심리학 기반으로 풀어본다.

고객의 감정을 상상하게 하라

"이 제품, 인기 많아요, 여기 앉으세요, 불편하시면 말씀 주세요"라는 문장들은 정중하지만 고객을 움직이지 못한다. 왜냐하면 이 말은 고객의 감정을 자극하지 않기 때문이다. 사람은 감정보다 이성이 빠르지 않다. 의사결정은 정보보다 상상에서 출발한다.

예를 들어보자.

기능 중심 설명: "이 의자는 허리를 편안하게 지지해 줘요."

감정 중심 이미지화: "하루 중 딱 10분만 이 의자에 기대어 쉬는 장면을 상상해보세요."

후자의 말은 고객의 머릿속에 장면을 만든다. 그 장면은 곧 욕구로 바뀌어 행동으로 이어진다. 고객의 머릿속에 이미지를 그리게 하는 말은 행동을 유도한다.

말은 고객 심리에 닿을 때 움직인다

움직이는 언어는 고객의 선택 심리를 자극해야 한다. 심리학적으로 사람은 "자기 결정을 스스로 내리고 싶다"는 욕구를 가지고 있다. 그래서

'명령'처럼 들리는 말에는 저항하지만, '스스로 선택한 것 같은 말'에는 반응한다.

일반 문장	고객 심리 고려한 문장
"결정되시면 말씀 주세요"	"혹시 고민되는 부분 있으실까요?"
"필요하시면 부르세요"	"천천히 보시고, 궁금한 점 있으시면 말씀 부탁드립니다"
"괜찮으셨어요?"	"오늘 이용하시면서 마음 편안한 시간 되셨을까요?"

이처럼 행동을 유도하는 말은 고객이 먼저 선택한 것 같은 느낌을 주고, 감정에 공감하며, 무의식적 저항을 줄여준다. 고객은 말에 반응하는 것이 아니라, 느낌에 반응한다.

언어가 아니라 온도로 기억되는 말

사람은 말을 '정보'가 아닌 '온도'로 기억한다. 기분이 좋았던 말은 남지만, 정확했던 말은 잊힌다. "오늘 응대해주신 그 직원 말이 정말 따뜻했어요.", "그 한마디 듣고 불편함이 싹 풀렸어요."와 같은 피드백은 우연히 나온 게 아니다. 그 말은 고객의 감정을 이해하고, 정서적으로 반응한 결과물이다. 말은 도구가 아니라 심리적 터치다. 고객은 당신의 정확한 워딩보다 그 말이 남긴 여운을 기억한다. 고객은 내용을 기억하지 않는다. 느낌

감정을 설계하는 행동 심리 CS

을 기억한다.

친절한 말은 누구나 할 수 있다. 하지만 고객을 움직이는 말은 연습과 감각이 필요하다. 그 핵심은 단 하나. 말을 설명으로 쓰지 말고, 상상으로 연결하라. 고객의 머릿속에 장면이 떠오르도록, 고객이 스스로 움직이고 싶도록 말하라.

정보를 전하는 사람이 아니라, 감정을 움직이는 사람이 되자

지금까지 살펴본 바와 같이 고객을 움직이는 언어는 단순한 설명이 아니라 상상과 감정에 닿는 말이다. 고객의 머릿속에 장면을 떠올리게 하고, 감정에 공감하며 행동의 흐름을 자연스럽게 유도하는 언어가 바로 진짜 '움직이는 말'이다. 이제는 말 한마디를 하더라도 기능이나 정보만 전달하는 것이 아니라 고객의 심리와 상상을 연결하는 표현을 고민해야 할 때다. 오늘부터 당신의 말에 상상의 한 줄을 더해보자. 말을 통해 고객의 머릿속에 장면을 그리고 마음속에 온기를 남기는 언어를 선택해 보자. 그 작은 변화가, 다시 돌아오는 고객을 만든다.

PART 05

AI 시대에도 살아남는 진짜 CS

1

컴플레인은 원래
자연스러운 것이다

부모님에게 불만을 가져본 적이 있는가? 불평해 본 적 있는가? 자식은 부모님을 정말 사랑하고 존경하지만, 때로는 엄마가 자꾸 잔소리 하거나 아빠가 중요한 순간에 약속을 어기는 것 같은 작은 일들에 불만을 느낀다. 이는 자식이 부모에게 큰 기대를 가지고 있기 때문이다. 자식이 불평을 털어놓는 이유는 부모님이 더 잘해주기를 바라기 때문이다. 마찬가지로 고객도 기업의 제품이나 서비스에 높은 기대를 가지고 있으며, 그 기대에 미치지 못할 때 불만을 표출한다. 이러한 불만은 기업이 고객의 기대를 충족시키기 위해 무엇을 개선해야 하는지에 대한 중요한 신호가 된다.

고객 서비스에서 핵심적으로 이해해야 할 부분 중 하나는 고객의 불평과 불만이 당연하다는 사실이다. 현대 사회에서 고객의 요구와 기대는 계속 변화하고 발전하므로 그 중요성은 점점 더 커지고 있다. 고객이 불만족을 느끼는 원인을 분석하고 해결하기 위한 방안으로 고객 서비스의 필요성을 자세히 살펴보겠다.

불평, 불만을 잘 이용하면 고객 만족도는 향상한다

먼저 고객들이 왜 그런 불만을 갖게 되었는지 그 이유를 파악해야 한다. 고객들은 자신이 구매한 제품이나 서비스로부터 그에 합당한 보상을 받기를 원한다. 하지만 기대에 못 미치면 고객은 실망하고 부정적인 평가를 내리는 경우가 많다. 이것은 고객이 누릴 수 있는 당연한 권리이므로, 이를 통해 서비스 제공자, 즉 기업은 고객의 요구 사항을 더 정확하게 파악하여 더 나은 서비스를 제공할 수 있다.

고객들의 불만을 살펴보면 첫 번째 원인이 주로 고객 서비스에 있다는 것을 알 수 있다. 고객 서비스는 고객과 기업이 만나는 주요 접점인데, 이 과정에서 발생하는 불친절한 응대나 비효율적인 업무 처리 등은 고객의 불만을 야기한다. 따라서 고객의 불만을 처리하고 그들의 요구사항을 해결해주는 것은 서비스 제공자가 반드시 해야 할 일이다.

두 번째, 고객들의 불만 사항이나 불평들을 단순히 문제라고만 생각하지 말고 이를 기회로 삼아 더 좋은 서비스를 제공하기 위해 노력해야 한다. 고객이 불만을 제기하면 서비스 제공자는 자신들의 업무 방식 중에

     감정을 설계하는 행동 심리 CS

서 무엇을 개선해야 할지, 또 앞으로 더 나은 서비스를 제공하기 위해서는 어떠한 노력을 기울여야 할지 등에 대한 귀중한 정보를 얻을 수 있다. 이러한 고객의 의견을 수렴하여 제품이나 서비스를 개선한다면 기업이 지속 가능한 성장을 할 수 있을 것이다. 이러한 배경지식을 바탕으로 볼 때, 고객 만족 경영의 중요성을 인식하는 것이 무엇보다 중요하다고 할 수 있다.

세 번째, 고객 서비스는 고객의 불만사항을 효율적으로 처리하여 고객 만족도를 높일 수 있는 중요한 수단이다. 고객이 불만을 접수하면 신속하게 처리하는 것은 물론이고, 문제가 재발하지 않도록 원인을 분석하여 사후 관리에도 만전을 기해야 한다. 이러한 자세는 고객의 입장에서 생각하고 그들의 관점에서 문제를 해결하는 데 도움이 된다.

고객 만족도를 높이기 위해서는 고객들의 불만 사항을 신속하게 처리하는 것이 무엇보다 중요하다. 기업은 고객의 불만 사항을 해결하는 것은 물론, 이러한 문제가 발생하지 않도록 미리 예방하는 행동이 필요하다. 따라서 기업은 고객의 요구 사항과 기대치를 파악하고 이를 충족시킬 수 있는 전략을 수립하고 실행해야 한다. 이러한 노력은 고객들의 불만 사항을 최소화하는 데 기여한다. 뿐만 아니라 기업은 고객의 불만을 해결하기 위한 효과적인 방안을 마련하고 실천해야 한다. 고객의 의견을 경청하고 요구를 파악하여 만족스러운 대안을 제시하는 과정이 포함되어야 한다. 기업은 고객의 불만을 경청하고 그들의 요구를 정확히 파악하며 이를 해결할 수 있는 역량을 갖추어야 한다.

고객 서비스는 매우 중요한 역할을 한다. 고객의 불만을 겸허히 수용하고 그 원인을 분석하여 더 나은 서비스를 제공할 수 있도록 노력해야 한다. 이처럼 기업이 서비스 제공자로서 중요성을 인식하고 적극적으로 실천한다면 고객 만족도를 향상시키고 더 나아가 지속 가능한 성장을 할 수 있을 것이다. 고객의 불만을 귀담아 듣고 서비스를 개선하는 데 반영한다면, 고객과의 관계가 돈독해질 뿐만 아니라 기업의 이미지에도 긍정적인 영향을 미칠 것이다.

고객의 불평과 불만은 직원의 입장에서 판단되어서는 안 된다

고객의 불평과 불만은 종종 직원이나 기업에 부담이나 스트레스로 느껴질 수 있지만, 이를 단순히 부정적인 요소로만 보는 것은 큰 오해이다. 고객의 불평과 불만을 이해하고 이를 토대로 서비스를 개선하는 것은 기업이 고객 만족도를 높이고 지속적으로 성장하는 데 근본적인 요소이다.

첫째, 고객의 불평이나 불만은 고객이 우리 제품이나 서비스에 대해 어떠한 기대를 갖고 있었는지 알려주는 중요한 신호이다. 이는 고객이 우리 제품이나 서비스에서 어떤 가치를 찾고 있는지, 또는 어떤 부분이 만족스럽지 않았는지 알려준다. 이를 통해 우리는 제품이나 서비스의 개선점을 찾아내 개선함으로써 고객의 만족도를 높일 수 있다.

 감정을 설계하는 행동 심리 CS

둘째, 고객의 불평이나 불만은 고객이 우리 기업에 아직도 관심을 갖고 있음을 보여준다. 고객이 불만을 가지고 있더라도 이를 표현하는 것은 그들이 아직 우리 기업과의 관계를 유지하고 싶어 하며, 더 나은 서비스를 기대하고 있다는 의미이다. 이는 고객 충성도를 높이고 장기적인 관계를 유지하는 데 중요한 기회를 제공한다.

셋째, 고객의 불평이나 불만은 우리 기업이 고객 서비스에 어떻게 대응하는지 보여주는 중요한 시험이다. 고객의 불만 사항을 신속하고 친절하게 처리하여 고객의 문제를 해결하는 것은, 고객에게 우리 기업이 고객을 중요하게 생각하고 그들의 만족을 위해 노력한다는 메시지를 전달하는 것이다. 이는 고객의 신뢰를 높이고, 브랜드 이미지를 향상시키는 데 중요한 역할을 한다.

앞서 고객의 불평과 불만을 마주하는 것은 부모님을 사랑하는 자식이 부모님에 대해 불평을 늘어놓는 것과 비슷하다고 했다. 결국 고객의 불평과 불만을 직원의 시각을 넘어 이해하는 것은, 기업이 고객 만족을 높이고 지속적으로 성장하는 데 있어 필수적인 요소이다. 이를 통해 기업은 고객의 요구와 기대를 더 잘 이해하고, 이를 충족시키기 위한 새로운 방법을 찾아낼 수 있다. 이것이 바로 고객의 불평과 불만을 긍정적인 힘으로 바꾸는 방법이다. 그러므로 우리 모두는 고객의 불평과 불만을 단순히 부정적인 요소로 볼 것이 아니라, 이를 통해 더 나은 서비스를 제공하기 위한 기회로 간주하고 실현하기 위해 노력해야 한다.

2

혁신을 부르는
CS를 고민하라

'이 꽃은 꼭 사야돼~'.
당신은 고객 중심의 혁명을 준비하고 있는가?

몇 년 전 나는 우리 동네 작은 꽃집을 방문한 적이 있다. 꽃집 주인은 나를 따뜻하게 맞아주었다. 매장에 들어서자마자 다양한 꽃들과 잔잔한 음악, 깔끔한 인테리어에 기분이 좋았다. 필요한 꽃다발을 주문하고 잠시 대기하는 동안 이 꽃집의 특별한 점을 발견했다. 주인은 단순히 꽃을 판매하는 것을 넘어 고객의 개별 취향을 존중하는 맞춤형 서비스를 제공하고 있었다. 고객마다 선호하는 꽃과 스타일을 저장해, 재방문 시 고객이 원하는 꽃다발을 바로 준비할 수 있도록 한 것이다. 나 역시 처음 방문했을 때 내 취향을 기록해 두었고, 이후 방문할 때마다 나만을 위한 특별한 꽃다발이 준비되어 있었다. 또한 이 꽃집은 온라인 쇼핑몰을 통해 언제 어디서나 주문할 수 있는 시스템을 도입했다. 나처럼 바쁜 일상 속에서 급히 꽃을 구입하기 어려운 사람들에게는 정말 편리한 서비스였다. 한번은 강의 이동 중 부모님께 드릴 꽃을 온라인으로 주문했는데, 도착한 꽃다발은 기대 이상으로 아름다웠다.

이 꽃집의 혁명은 또 하나 있었다. 바로 고객의 피드백을 매우 중요하게 생각한다는 것이다. 항상 고객의 의견을 경청하고, 이를 토대로 새로운 꽃다발 디자인을 개발하거나 기존 서비스를 개선했다. 한번은 꽃다발을 담아주는 종이가방 끈이 좀 짧아 불편하다고 말한 적이 있었는데, 다음에 방문했을 때는 그 부분이 개선되어 있었다. 그런 노력 덕분에 우리 동네에서 이 꽃집은 단골고객도 꽤 많고, 오랫동안 자리 잡고 있다. 나 역시 그곳의 단골이 되었다. 이 꽃집은 나에게 고객 중심의 혁신이 얼마나 중요한지를 깨닫게 해주었다. 나에게도 큰 영감을 주어 내가 하는 교육 사업에 고객 중심의 혁신을 도입해야겠다는 결심을 하게 되었다.

혁명이라는 말은 기존의 틀이나 방식을 깨고 새로운 것을 만들어내는 변화를 가져오는 힘을 의미한다. 그리고 이러한 혁명적인 변화를 가져오는 데 중요한 역할을 하는 것이 바로 고객 서비스다. 이제 우리는 고객 서비스의 역할이 단순히 고객의 요청에 응답하고 만족을 주는 것을 넘어 비즈니스 전반의 혁신을 주도하고 새로운 가치를 창출하는 핵심 요소라는 인식을 가질 필요가 있다. 고객 만족 서비스는 고객의 기대에 부응하는 것을 기본으로 하지만, 그보다 더 중요한 것은 기대 이상의 서비스를 제공하는 것이다. 이러한 서비스 제공은 고객에게 더 나은 경험을 선사하고, 기업이 경쟁력을 확보하여 지속 가능한 성장을 하도록 해준다. 고객 만족 서비스를 제대로 이해하고 활용한다면 기업은 지속적인 발전과 성장을 이룰 수 있다.

개별화된 서비스: 개별적으로 맞춤화된 서비스를 제공하는 것은 고객 서비스의 핵심이다. 고객들은 더 이상 일괄적이고 표준화된 서비스에 만족하지 않는다. 고객들은 개인별로 원하는 것과 필요한 것을 충족시켜 주는 맞춤형 서비스를 원한다. 이를 실현하기 위해 기업은 데이터 분석과 인공지능 기술을 활용하여 고객의 행동 패턴과 선호를 파악하고, 이를 바탕으로 맞춤형 서비스를 제공할 수 있어야 한다.

서비스의 편의성: 고객이 원하는 시간과 장소에서 제약 없이 서비스를 이용할 수 있도록 하는 것이 중요하다. 이를 위해서는 디지털 기술을 적극적으로 활용해야 한다. 고객에게 온라인 채널, 모바일 앱, 인공지능 채팅 봇 등의 기술을 활용하여 24시간 내내 언제 어디서나 편리하게 이용할 수 있는 고객 서비스를 제공해야 한다. 따라서 고객이 원하는 정보나 서비스를 요청했을 때 즉각적으로 대응할 수 있어야 한다.

 고객을 단순히 소비자로만 보는 것이 아니라 기업에서 생산하는 제품이나 서비스를 함께 만들어가는 파트너로 생각해야 한다. 이를 위해 고객의 의견을 적극적으로 수용하고 고객이 직접 서비스 개선에 참여할 수 있는 플랫폼을 제공하는 등의 방법을 활용해야 한다.

고객 개개인에 맞춘 차별화된 서비스와 편리한 이용 환경, 그리고 고객이 직접 참여할 수 있는 다양한 프로그램을 통해 혁신적인 고객 만족 경영을 실현하면 기업에는 새로운 수익 창출 기회가 될 수 있다. 이를 통해 고객 만족도를 높이고 고객 충성도를 강화함으로써 기업의 브랜드 가치를 높일 수 있다.

혁신적인 고객 서비스를 제공하려면
기업 내부의 변화와 혁신이 필요하다

기업의 리더십, 조직 문화, 직원의 역량과 태도, 시스템과 프로세스 등이 고객 서비스 품질을 결정하는 핵심 요소이다. 이 모든 요소가 고객 중심 가치를 공유하고 고객 만족 서비스 제공을 위해 노력하는 방향으로 변화해야 한다. 기업 리더십은 고객 중심 문화를 조직 전체에 전파하는 역할을 한다. 리더는 고객 만족을 최우선 가치로 삼고 이를 위한 전략과 목표를 설정하며, 이를 실행하기 위한 자원을 투자해야 한다. 또한 리더는 직원들이 고객 중심 가치를 이해하고 실천할 수 있도록 교육과 훈련을 제공하고 고객 서비스 향상을 위한 노력을 인정하고 보상하는 것이 중요하다.

조직 문화는 고객 서비스 품질을 결정하는 또 다른 중요한 요소이다. 고객 중심 문화는 고객 만족을 추구하는 모든 행동과 결정을 촉진한다. 이를 위해 조직은 고객의 의견을 존중하고, 고객의 문제를 해결하는 것을 우선시하며, 고객의 기대를 초월하는 서비스를 제공하기 위해 끊임없이 노력하는 문화를 조성해야 한다.

직원의 역량과 태도는 고객 서비스의 질을 결정하는 데 결정적인 역할을 한다. 직원들이 고객의 요구를 이해하고 충족시키기 위해 필요한 지식과 기술을 갖추고 고객에게 친절하고 존중하는 태도를 보이는 것이 중요하다.

시스템과 프로세스는 고객 서비스를 효율적으로 제공하는 데 중요한 역할을 한다. 기업은 고객의 요구를 신속하고 정확하게 처리할 수 있는 시스템과 프로세스를 구축하고 지속적으로 개선해야 한다. 또한 고객 서비스 품질을 측정하고 분석할 수 있는 시스템을 갖추고, 이를 바탕으로 서비스 개선 방향을 설정해야 한다.

결국 혁명적인 고객 서비스를 제공하는 것은 기업의 가치 창출과 성장을 위한 필수적인 전략이다. 우리 동네 작은 꽃집처럼 말이다. 고객의 개별 취향을 존중하고 온라인 시스템을 도입하며 고객의 피드백을 반영하는 그들의 혁신적인 서비스는 단순한 고객 만족을 넘어섰다. 이처럼 고객 중심의 혁명을 준비하는 것은 단순한 선택이 아니라 기업의 지속 가능한 성장을 위한 필수 전략이다. 이를 통해 기업은 고객의 기대를 넘어서는 서비스를 제공하고 지속적인 혁신을 추구하며 고객과 함께 성장하는 기업으로 거듭날 수 있다. 이것이 바로 혁명을 일으킬 고객 서비스의 본질이다. 당신의 기업은 고객 중심의 혁명을 준비하고 있는가? 고객 서비스 혁신이야말로 기업 성장을 견인하는 핵심 요소임을 잊지 말아야 한다.

3

고객 경험에
몰입하라

고객 서비스의 핵심은 고객이 제품이나 서비스를 이용하는 과정에서 얻는 고객 경험(CX, Customer Experience)에 있다. 고객 경험에는 제품의 품질이나 가격, 서비스 효율성 같은 측정 가능한 요소뿐 아니라 서비스를 이용하는 과정에서 느끼는 감정, 인식, 반응 등이 포함된다. 이러한 고객 경험은 고객 만족도와 충성도를 결정짓는 중요한 요소이므로, 효과적으로 관리하는 것은 기업의 성장과 성공에 결정적인 역할을 한다. 따라서 고객 경험이 중요한 이유와 기업이나 직원이 어떻게 고객 경험에 집중하고 몰입해야 하는지 설명하려 한다.

고객 경험에 집중하면 기업은 많은 이점을 얻는다. 첫째, 고객 경험은 고객 만족도를 높인다. 고객이 긍정적인 경험을 하면 기업에 좋은 인상을 갖게 되고, 이는 고객 만족도를 높이는 데 크게 기여한다. 둘째, 고객 경험은 고객 충성도를 높인다. 고객이 기업과 거래하며 좋은 경험을 하면 다시 그 기업의 제품이나 서비스를 이용하려 할 것이고, 이는 고객 충성도를 높이는 데 결정적인 역할을 한다.

고객 경험에 몰입하기 위해서는 다음과 같은 두 가지 주요 요소를 고려해야 한다.

첫째, 고객의 기대를 정확하게 파악하고 이를 충족시키는 것이 중요하다. 고객의 기대는 서비스를 이용할 때 느끼는 만족도를 결정짓는 중요한 요소이므로, 기업은 고객의 기대를 정확하게 이해하고 이를 충족시키기 위한 맞춤형 서비스를 제공해야 한다.

둘째, 고객의 피드백을 적극적으로 수용하는 것이 중요하다. 고객 피드백은 서비스 개선점을 찾는 데 중요한 정보를 제공하므로, 기업은 이를 바탕으로 서비스를 개선하여 고객 경험을 향상시키는 데 도움을 받을 수 있다.

고객이 경험하는 4가지

① **서비스 경험**: 고객 서비스 직원이 고객 문의에 신속하고 친절하게 응답하는 것은 고객 경험에 큰 영향을 미친다. 따라서 직원은 고객 문의를 잘 이해하고 적절한 해결책을 제시하여 고객 만족을 위

해 노력해야 한다.

② **제품 사용 경험**: 제품을 사용하면서 고객이 겪는 모든 경험은 고객 경험을 구성한다. 따라서 제품의 디자인, 기능, 성능, 사용 편의성 등이 모두 고객 경험에 영향을 미치므로, 기업은 이러한 요소를 고객의 요구와 기대에 맞게 최적화해야 한다.

③ **상황 경험**: 고객이 제품이나 서비스를 사용하는 상황 또한 고객 경험에 영향을 준다. 예를 들어 고객이 온라인 쇼핑을 할 때 웹사이트 로딩 속도, 결제 과정의 편의성, 배송 서비스의 질 등이 모두 고객 만족에 영향을 미친다.

④ **인간 경험**: 고객은 제품이나 서비스를 제공하는 기업의 직원과 상호 작용하며 인간적인 경험을 얻는다. 이는 고객의 감정과 인상을 크게 좌우하므로 직원은 고객에게 친절하고 존중받는 느낌을 주는 태도를 보여야 한다.

이러한 다양한 경험들이 결합하여 고객이 기업에 대해 갖는 전반적인 인상과 만족도를 형성한다. 세계적인 기업들은 고객 경험을 향상시키기 위해 다음과 같은 다양한 전략을 시행하고 있다.

고객 경험 적용 기업사례

애플: 애플은 고객의 사용 경험을 최우선으로 생각하며, 제품의 디자

인과 기능, 서비스 등 모든 것을 고객의 관점에서 생각하고 있다. 애플의 제품은 사용자 친화적인 디자인과 직관적인 인터페이스를 통해 고객에게 우수한 사용 경험을 제공한다. 이러한 노력을 통해 애플은 고객으로부터 높은 만족도와 충성도를 얻고 있으며, 이는 애플의 지속적인 성장과 성공을 가능하게 한다.

스타벅스: 스타벅스는 고객 경험을 향상시키기 위해 '세 번째 장소'라는 고객 경험 전략을 도입했다. 이는 고객이 집과 사무실 외에 편안하게 시간을 보낼 수 있는 장소를 제공하는 것을 목표로 하는 전략으로, 스타벅스의 매장은 편안한 의자와 테이블, 친근한 음악, 고품질의 커피 등을 통해 고객에게 편안한 경험을 제공한다. 스타벅스는 이를 통해 고객으로부터 높은 만족도를 얻고 있으며, 이는 스타벅스의 성공적인 성장에 중요한 요인 중 하나다.

아마존: 아마존은 고객 경험을 향상시키기 위한 주요 전략으로 개인화 추천 시스템을 활용하고 있다. 고객의 구매 이력, 검색 이력, 상품 평가 등을 분석하여 고객의 선호도와 행동 패턴을 파악하고, 이를 바탕으로 고객에게 개인화된 맞춤형 상품 추천을 제공한다. 이러한 개인화 서비스는 고객에게 새로운 상품을 발견하거나 기존에 알지 못했던 상품을 찾는 기회를 제공하며, 고객의 쇼핑 경험을 향상하는 데 큰 도움을 준다.

이처럼 고객 경험에 몰입하는 것은 기업의 성장과 성공을 위해 필수적인 요소다. 기업은 고객의 기대를 충족시키는 것을 넘어, 기대를 뛰어넘는 서비스를 제공함으로써 고객 경험을 향상시키고, 이를 통해 고객의 만족도와 충성도를 높여야 한다. 이를 위해 기업은 고객 피드백을 적극적으로 수용하고 고객 중심의 서비스 전략을 수립해야 한다.

고객 경험에 몰입하려면 어떤 방법이 있을까? 먼저 고객의 관점에서 생각하는 것이 중요하다. 고객이 제품이나 서비스를 어떻게 사용하는지, 어떤 문제를 겪고 있는지, 어떤 기능이나 서비스를 원하는지 고민해야 한다. 이를 위해 직접 고객과 대화하거나 고객 피드백을 철저히 분석해야 한다.

고객 경험에 몰입하는 또 다른 방법은 고객이 사용하는 제품이나 서비스를 직접 사용해 보는 것이다. 이를 통해 고객이 겪는 문제나 불편함을 직접 느껴볼 수 있고, 이를 개선하는 데 필요한 아이디어를 얻을 수 있다. 고객 경험에 몰입하면서 중요한 것은 고객 경험 향상에 집중하는 것이다. 이를 위해 기업은 제품이나 서비스의 품질을 높이고, 고객 서비스를 개선하고, 고객과의 커뮤니케이션을 강화하는 등의 노력을 기울여야 한다.

고객 경험에 몰입하는 것은 고객을 이해하고 그들의 필요와 기대를 충족시키는 데 필요한 첫걸음이다. 그 다음 단계는 고객의 경험을 지속적으로 모니터링하고 개선하는 것이다. 이를 위해 필요한 것은 고객 피드백

　　　　감정을 설계하는 행동 심리 CS

을 적극적으로 수집하고 분석, 이해하는 것이다. 그리고 이를 바탕으로 고객 경험을 개선하는 전략을 수립하고 실행하는 것이다.

성공적인 성장와 지속 가능한 경쟁력을 확보하고 싶은가? 그럼 고객 경험에 몰입하라. 고객 경험을 향상시키기 위한 전략을 수립하고 실행하는 것은 오늘날의 경영 환경에서 기업이 성공하기 위해 반드시 수행해야 할 중요한 과제다.

4

몰입형 CX 시스템으로의 전환

혁명적인 CS를 위한 시스템 구축

혁명적인 고객 서비스를 위한 시스템은 고객의 불평, 불만을 적극적으로 수용하여 서비스 개선에 반영하는 구조를 가져야 한다. 이를 위해 고객 의견 수집 채널을 다양화하고 통합 관리할 수 있는 시스템을 구축해야 한다.

세계적인 기업인 애플의 경우, 고객의 의견을 적극적으로 수용하는 'AppleCare'라는 고객 서비스 시스템을 운영하고 있다. 이 시스템은 고객이 제품 문제를 신속하게 해결하도록 돕는 동시에 고객의 의견을 수집하여 제품 개선에 반영한다. 이 시스템을 통해 애플은 고객 불만을 줄이고 고객 만족도를 높이는 데 성공했다. 또 다른 예로 아마존은 고객의 피드백을 실시간으로 수집하고 분석하는 'Voice of the Customer'(고객의 소리)라는 시스템을 구축했다. 이 시스템은 고객의 의견을 즉시 파악하고 이를 바탕으로 서비스를 개선하는 데 사용된다. 아마존은 이 시스템을 통해 고객 만족도를 향상시키고 고객 충성도를 높이는 데 큰 성과를 보았다.

이와 같이 혁명적인 CS를 위한 시스템을 구축하고 운영하는 것은 고객의 불평, 불만을 줄이고 고객 만족도를 높이는 데 결정적인 역할을 한다. 이러한 시스템을 통해 기업은 고객의 목소리를 듣고 이를 바탕으로 서비스를 개선하며, 고객에게 더 나은 경험을 제공할 수 있다.

몰입하는 CX를 위한 시스템 구축

고객 경험에 몰입하게 하기 위한 시스템은 고객이 서비스를 이용하는 모든 단계에서 최적의 경험을 제공하는 것을 목표로 한다. 이를 위해 고객의 서비스 이용 과정을 체계적으로 파악하고 고객이 편리하고 즐겁게 서비스를 이용할 수 있도록 지원하는 시스템이 필요하다.

세계적인 기업인 스타벅스는 고객이 카페에 들어서는 순간부터 나가는 순간까지 모든 과정에서 최고의 경험을 제공하기 위한 '스타벅스 경험'이라는 시스템을 구축해두었다. 이 시스템은 고객이 편안하게 커피를 즐길 수 있도록 카페의 분위기부터 직원의 서비스, 제품의 퀄리티까지 모든 것을 고려한 것이다. 이를 통해 스타벅스는 고객들로부터 높은 만족도와 충성도를 얻었다. 또한 아마존은 고객 중심의 서비스를 제공하기 위해 '1-Click ordering'이라는 시스템을 도입했다. 이 시스템은 고객이 한 번의 클릭으로 쉽게 주문할 수 있게 하여 고객의 편의성을 높이는 데 크게 기여했다. 아마존은 이 시스템을 통해 고객의 쇼핑 경험을 향상시키고, 재구매율을 높이는 성과를 냈다.

이처럼 몰입하는 CX를 위한 시스템을 구축하고 운영하는 것은 고객의 경험을 향상시키고 고객의 만족도와 충성도를 높이는 데 매우 중요한 역할을 한다. 이러한 시스템을 통해 기업은 고객이 서비스를 이용하는 모든 과정에서 최적의 경험을 제공하고 고객이 서비스에 더욱 몰입할 수 있도록 돕는다.

시스템을 구축하는 것만으로는 충분하지 않다

단순히 시스템을 구축하는 것만으로는 부족하다. 이 시스템을 통해 얻은 고객의 의견과 피드백을 기반으로 실질적인 서비스 개선이 이루어져야 한다. 이 과정에서 중요한 역할을 하는 것이 바로 매뉴얼이다. 매뉴얼은 시스템을 통해 수집된 고객의 의견을 어떻게 분석하고, 그 분석 결과를 서비스 개선에 어떻게 반영할지에 대한 지침을 제공한다. 이를 통해 모든 직원이 시스템을 일관되게 운영하며 고객의 의견을 효과적으로 활

감정을 설계하는 행동 심리 CS

용할 수 있게 된다. 메뉴얼을 만들 때는 다음과 같은 항목이 반드시 포함되어야 한다.

시스템 운영 가이드: 시스템의 기능과 운영 방법에 대한 자세한 설명이 들어가야 한다. 이를 통해 직원들이 시스템을 올바르게 사용할 수 있도록 돕는다.

고객 의견 분석 방법: 시스템을 통해 수집된 고객의 의견을 분석하는 방법론이 들어가야 한다. 이를 통해 고객의 의견을 정확하게 이해하고 중요한 피드백을 놓치지 않도록 한다.

서비스 개선 액션 플랜: 고객 의견 분석 결과를 바탕으로 서비스 개선 액션을 어떻게 취할지에 대한 계획이 들어가야 한다. 이를 통해 고객의 의견이 실질적인 서비스 개선으로 이어지도록 한다.

이와 같이, 시스템 구축 이후에는 그 시스템을 통해 실질적인 서비스 개선이 이루어지도록 하는 것이 중요하다. 이를 위해 매뉴얼을 통해 시스템 활용 방법을 명확히 알려주고 모든 직원이 이를 이해하고 실행하도록 해야 한다.

CS 매뉴얼은 고객 서비스 품질을 향상시키고 브랜드 가치를 높이는 필수적인 도구다

CS 매뉴얼은 직원들이 서비스 상황에서 다양한 고객 응대 시나리오에 대비할 수 있게 지침을 제공한다. 이는 고객 불만을 미리 차단하고 서비스 품질을 높이는 데 중요한 역할을 한다. 결국 이런 과정을 통해 기업이나 브랜드 이미지를 높이는 데 기여하게 된다. CS 매뉴얼을 개발하고 제작하는 과정은 다음과 같이 진행할 수 있다.

단계		항목	설명
STEP 1	고객 서비스 환경 분석	고객 행동 패턴 분석	고객의 서비스 이용 패턴 분석, 어떤 요소가 고객 만족에 영향을 미치는지 파악
		고객 만족도 조사	현재 서비스의 장단점 파악 후 개선할 방안 도출
		경쟁사 서비스 분석	서비스 트렌드와 고객 선호 서비스 형태 파악
STEP 2	고객 응대 전략 수립	고객 세분화 및 맞춤형 서비스 개발	각 고객 그룹별 맞춤형 서비스를 제공할 수 있는 전략 수립
		고객 응대 프로세스 개선	고객의 불편을 최소화하고 만족도를 높일수 있음
		고객 응대 교육 프로그램 개발	고객 입장에서 고객이 가치를 느낄 수 있는 서비스 방안 제시
STEP 3	CS매뉴얼 개발	고객 중심 매뉴얼 개발	고객 입장에서 생각하고, 고객이 가치를 느낄 수 있는 서비스 방안 제시
		매뉴얼의 실용성 강화	피드백을 반영하여 지속적으로 매뉴얼 개선
		매뉴얼의 지속적인 업데이트	기업이 고객에게 항상 최적의 서비스를 제공할 수 있도록 함
	차별화 포인트	AI 기반 고객 응대 가이드	AI 기술 활용 - 대화 스크립트 제공과 고객 응대에 필요한 정보 가이드 제공
		다양한 고객 터치포인트 고려	웹사이트, 모바일 앱, SNS, 전화 등 다양한 고객 터치포인트를 고려한 매뉴얼 작성

	고객 경험 맵 활용	서비스를 이용하는 전체 과정 시각화한 고객 경험 맵 활용. 모든 접점에서 일관된 서비스 제공 가이드 구성
차별화 포인트	고객 피드백 반영	고객 의견 존중, 고객이 직접 서비스 개선에 참여할 수 있는 기회 제공
	서비스 디자인 적용	고객 경험 향상에 초점을 두어 모든 요소와 경로를 고려하며, 다양한 디자인 방법과 도구를 사용해 부가적 가치를 제공하는 방식

1단계는 고객 서비스 환경 분석으로 항목에는 고객 행동 패턴 분석, 고객 만족도 조사, 경쟁사 서비스 분석이 필요하다. 2단계는 고객 응대 전략 수립으로, 고객 세분화 및 맞춤형 서비스 개발, 고객 응대 프로세스 개선, 고객 응대 교육 프로그램 개발을 한다. 3단계는 CS 매뉴얼 개발로, 고객 중심 매뉴얼 개발, 매뉴얼의 실용성 강화, 매뉴얼의 지속적인 업데이트가 필요하다.

여기까지가 일반적인 매뉴얼 제작과정이라면 혁명CS, 몰입CX를 위해서는 차별화 포인트가 필요하다. 차별화 포인트는 5가지로 다음과 같다. AI기반 고객 응대 가이드. 다양한 고객 터치포인트 고려, 고객 경험 맵 활용, 고객 피드백 반영, 서비스 디자인 적용이다. 차별화 포인트 항목들은 CS 매뉴얼이 고객 중심의 서비스 제공과 더불어 차별화된 경험을 제공하는 데 중점을 두게 된다.

이 과정에서 매뉴얼은 지속적으로 업데이트되어야 한다. 이는 고객 응대 상황, 고객 요구사항, 업무 환경 등이 변화함에 따라 매뉴얼도 그에 맞게 변화해야 함을 의미한다. 따라서 CS 매뉴얼은 변화하는 고객의 요구와 시장 상황에 유연하게 대응할 수 있도록 지속적인 관리와 업데이트가 필요하다.

감정을 설계하는 행동 심리 CS

5

철저히 숨겨진 부정 행동,
이렇게 잡아낸다

고객은 이탈하기 전 반드시 신호를 남긴다. 문제는 그것이 '말'이 아닌 '행동'이라는 데 있다. 고객은 언제나 자신의 감정을 있는 그대로 표현하지 않는다. 특히 불만이나 실망 같은 부정적인 감정은 드러내기보다 감추는 경향이 있다. 이는 단지 예의나 인내심의 문제가 아니다. 고객은 종종 자신의 평판이나 상황을 고려하여 불쾌한 감정을 숨긴다. 따라서 CS 전문가에게 중요한 역량은 고객이 무언가를 말했는가가 아니라, 무엇을 감추고 있는지를 읽어내는 능력이다. 이 장에서는 고객이 철저히 숨기고 있는 부정 감정을 어떻게 발견할 수 있는지 행동심리학의 관점에서 설명하고, 실제 사례를 통해 실전에서 활용 가능한 관찰 포인트를 제시한다.

철저히 숨겨진 부정 행동을 읽어낸다는 것은, 고객과 대결하여 승리하겠다는 뜻이 아니다. 오히려 예의와 상황 때문에 억누르고 있는 고객의 불편함을 우리가 '먼저 발견하여 해소해 주겠다'라는 선제적 배려의 약속이다. 행동 심리학은 상대를 꿰뚫어 보는 무기가 아니라, 상대가 처한 감정적 난처함에서 그들을 끌어올려 주는 가장 세밀한 손길이어야 한다. 이것이 AI 시대에 오직 사람만이 할 수 있는 '진짜 서비스'의 본질이다.

1. 감정은 말보다 먼저 행동에 나타난다

언어는 통제될 수 있지만, 비언어적 행동은 훨씬 더 정직하다. 실제로 미국 심리학자 앨버트 메라비언(Albert Mehrabian)은 감정적 메시지를 전달할 때 말의 내용이 차지하는 비중은 7%에 불과하며, 55%는 표정이나 자세 같은 시각적 요소, 38%는 말투나 억양에서 전달된다고 밝혔다. 즉, 고객이 아무리 괜찮다고 말해도 시선 회피, 팔짱 낌, 몸의 경직, 느려진 반응 속도 같은 비언어적 신호가 부정 감정을 먼저 드러낸다.

- 고객이 제품 설명 중 고개를 돌리며 시선을 회피했다면 → 관심이 없거나, 설명이 부담스럽다는 표현일 수 있다.
- 응대 후 "괜찮아요"라는 말과 함께 눈웃음 없이 입꼬리만 살짝 움직였다면 → 정중한 거절이나 불만을 감춘 신호일 수 있다.

이처럼 고객의 감정을 파악할 때는 말보다 행동, 특히 행동의 미묘한 흔들림에 주목해야 한다.

2. '괜찮다'는 말 뒤에 숨어 있는 진짜 감정

많은 고객은 갈등을 피하려고 감정을 감춘다. 하지만 괜찮다는 표현이 반드시 긍정적인 뜻은 아니다. 실제 연구에 따르면, 불만족한 고객 중 91%는 불만을 표현하지 않고 조용히 이탈한다고 한다(Lee Resource Inc., 2020). 문제는 이러한 고객이 뒤에서 나쁜 리뷰를 남기거나 주변에 부정적인 구전을 퍼뜨릴 수 있다는 점이다.

- 고객이 제품을 반품하며 "불편해서요"라고 짧게 말하고 더 이상의 질문을 피한다면 → 감정을 드러내기 꺼리는 회피형 반응이다.
- 서비스 응대 직후 고객이 무표정한 얼굴로 "감사합니다"만 말하고 빠르게 자리를 뜬다면 → 내면에 남은 불만이 있을 가능성이 높다.

CS 전문가라면 고객의 말에 안심하기보다 그 말이 선택된 맥락과 말투, 표정까지 함께 해석해야 한다.

3. 작고 애매한 불만이 결국 이탈로 이어진다

불만은 반드시 큰 소리로 표현되지는 않는다. 진짜 무서운 불만은 오히려 작고 반복적인 불편 속에 숨어 있다. 고객이 사소한 문제를 반복해서 언급할 때 그 감정은 점차 누적된다.

- "조금 늦긴 했지만 괜찮아요." → 한 번은 괜찮지만 반복되면 이탈의 전조다.
- "음… 나쁘진 않아요." → 애매한 긍정은 때론 확신 없는 불만이다.

이처럼 명확하게 드러나지 않은 표현일수록 더욱 주의 깊게 관찰해야 하며, 반복되는 패턴 속에서 고객의 감정 선을 읽어내야 한다.

4. 반론 고려: 말보다 행동을 중시하는 것은 과도한 해석이 될까?

물론 모든 몸짓이나 표정이 불만을 뜻하는 것은 아니다. 피곤하거나 다른 생각에 잠겨 있을 수도 있다. 그러나 중요한 것은 전체 맥락이다. 행동 단서 하나만 보고 성급하게 판단할 것이 아니라, 표정, 말투, 자세, 반응 속도 등 여러 요소를 종합적으로 살펴야 한다. 행동 해석은 과도하게 단정 지어서는 안 되며, 오히려 상황 속 감정 흐름을 읽는 직관력이 중요하다.

지금까지 살펴본 바와 같이 고객은 감정을 말보다 행동에 먼저 담는다. 말은 정중할 수 있지만, 시선의 흔들림, 표정의 미묘한 변화, 반응 속도의 차이 등은 감정의 실마리를 먼저 보여준다. 이제는 고객의 말을 믿는 데 그치지 말고, 그 말이 어떤 감정 속에서 나왔는지를 파악할 수 있는 눈을 길러야 한다. 고객의 감정은 종종 조용하게, 그러나 분명하게 행동에 흔적을 남긴다. 지금부터는 고객의 작은 행동 하나에도 의미를 부여해보자. 그들의 침묵 속에서도 불만을 예감하고, 말 없이 전하는 신호를 읽어내는 전문가가 되어야 한다. 바로 그 감각이 당신을 고객 앞에서 '먼저 움직이는 사람'으로 만들 것이다.

 감정을 설계하는 행동 심리 CS

▶▶ **6** ◀◀

숨어 있는 긍정,
이렇게 꺼낸다

"만족한 고객은 왜 조용할까?" 아주 작은 질문이지만, CS의 본질을 찌르는 통찰이다. 대부분의 고객은 만족해도 굳이 표현하지 않는다. 불만은 금방 퍼지지만 긍정은 조용히 사라진다. 그렇다면 숨겨진 긍정을 어떻게 끌어낼 수 있을까? 이 장에서는 고객 심리학에 기반해 고객이 스스로 긍정적인 경험을 떠올리고 표현하게 만드는 구체적인 방법을 살펴본다.

1. 고객은 만족을 굳이 말하지 않는다

심리학 연구에 따르면 만족한 고객의 63%는 특별한 요청이 없으면 아무 말도 하지 않고 떠난다.(출처: Gallup Research, 2021) 이는 인간이 문제가 없을 때는 굳이 이야기하지 않는 심리 메커니즘 때문이라고 한다. 특

히 한국을 비롯한 동양권에서는 감정을 드러내기보다 조심스럽게 숨기거
나 만족을 겸손하게 표현하는 문화적 특성이 강하다. 따라서 CS 전문가
는 만족을 수동적으로 기다리지 않고 능동적으로 끌어내야 한다.

2. 긍정을 끌어내는 질문은 다르다

"괜찮으셨어요?", "불편하신 점은 없으셨나요?" 와 같은 질문은 부정적
인 답변을 전제로 한다.

반면 긍정을 끌어내려면 질문 방식 자체를 바꿔야 한다.

구체적 사례:

일반 문장	긍정을 꺼내는 질문
"괜찮으셨어요?"	"오늘 가장 좋았던 순간은 무엇이었나요?"
"불편하신 점 없으셨나요?"	"특히 기억에 남는 점이 있다면 들려줄 수 있나요?"
"필요하신 것 있으시면 말씀해주세요"	"조금 더 만족스러운 경험을 위해, 어떤 점이 가장 좋았는지 여쭤봐도 될까요?"

3. 작게 시작된 긍정을 키워야 한다

고객이 작게 긍정을 표현할 때, 그 순간을 놓치지 말아야 한다. 작은
긍정을 키워야 진짜 로열티로 이어진다. 아래 사례가 있다.

고객: "음료 맛이 생각보다 괜찮네요."

직원: "감사합니다! 혹시 어떤 점이 특히 좋으셨어요?"

고객: "고소하고 부드럽네요. 다른 데랑 다르게 부드러워요."

직원: "저희가 원두를 하루 두 번 직접 로스팅하는데, 바로 느끼셨군요!"

고객은 스스로 자신의 긍정 경험을 다시 확신하고, 재방문 의지가 높아진다. (심리학 이론 참고: Self-Perception Theory)

사람은 스스로 말한 긍정적 경험을 더 확신하며, 이후 행동까지 긍정적인 방향으로 변화시킨다.

4. 긍정을 끌어낸 후, 반드시 확장 질문을 던져라

긍정 표현이 나오면 거기서 끝내지 말고, 추가 질문을 통해 고객의 감정 몰입을 확장해야 한다.

확장 질문 예시:

- "그 순간을 좀 더 자세히 들려주실 수 있을까요?"

- "어떤 부분에서 가장 크게 만족을 느끼셨나요?"

- "다음에 또 이용하시게 된다면, 어떤 경험을 기대하고 싶으세요?"

이렇게 이어가면 고객은 자신의 긍정 경험을 더욱 선명하고 강렬하게 인식한다.

5. 숨겨진 긍정을 놓치는 것이 얼마나 치명적인가?

만족한 고객이 아무 말 없이 떠나 버리면, 그들은 다음 선택의 순간에 다시 우리를 찾을 확률이 낮아진다. 실제 통계를 보면 불만족 고객의 96%는 다시 구매하지 않는다고 알려져 있다. 하지만 만족 고객 중에서도 40%는 다른 특별한 이유가 없으면 다른 브랜드로 쉽게 이동할 수 있다. (Bain & Company, 2020) 긍정 감정은 자연스럽게 충성도로 이어지지 않는다. '의식적 리마인드'가 필요하다.

지금까지 살펴본 바와 같이 고객은 만족을 드러내지 않고 조용히 느끼고 떠나는 경우가 많다. 불만은 입으로 퍼지지만, 긍정은 묻혀 사라진다. 이제는 긍정을 찾는 게 아니라, 긍정을 꺼내고 키우는 기술이 CS 전문가에게 필수다. 오늘부터 고객에게 이렇게 물어보자.

"오늘 가장 기억에 남은 순간은 무엇이었나요?"

그리고 그 답을 들으면 그냥 넘기지 말고, 다시 묻고, 감사를 표현하며 긍정 경험을 확장하자. 고객의 마음속에 감춰진 긍정을 꺼내는 순간, 당신은 더 이상 단순한 응대자가 아닌 고객 감정의 조율자가 되어 있을 것이다.

7

예언하는 CS 전문가의
행동 노트

"고객을 예측할 수 있다면, 대응은 달라진다." 이것은 단순한 직감이나 감이 아니다. 행동 심리학을 이해하고, 작은 신호를 포착하고, 미세한 흐름을 읽어내는 '기술'이다. 고객의 행동은 결코 우연이 아니다. 표정, 몸짓, 말투, 반응 속도에는 다가올 선택과 이탈의 '예고편'이 담겨 있다. CS 전문가라면 그 예고편을 읽어야 한다. 이 장에서는 고객의 행동을 바탕으로 미래를 예측하는 방법과, 그 능력을 키우기 위한 실전 기록법, 그리고 활동지를 소개한다.

1. 고객은 이탈하기 전, 반드시 신호를 남긴다

고객이 아무 말 없이 떠나는 것이 아니라, 반드시 이탈하기 전 아주 작은 변화를 행동으로 남긴다.

예시:

반응 속도가 느려지고, 질문에 짧은 단답형으로 응하며, 시선을 자주 피하고, 자세가 점점 뒤로 젖혀지는 행동.

이러한 변화를 '의미 없는 흔들림'으로 넘기지 말고 감정의 파동으로 해석할 줄 알아야 한다.

2. '행동-감정-대응' 매핑이 핵심이다

단순히 행동을 보는 것이 아니라, 그 행동이 어떤 감정 상태를 의미하는지 파악하고 그에 따른 최적 대응까지 연결하는 패턴 인식이 중요하다.

행동 신호	감정 가능성	추천 대응
잦은 시선 이동	지루함, 집중력 저하	대화 환기, 질문 유도
짧은 단답 반복	거리두기, 피로감	공감 표현 후 질문 방식 전환
몸을 뒤로 젖힘	관심 저하	핵심 메시지 강조, 시각자료 활용
낮은 음성톤	실망, 불만 축적	문제 해결 의지 강조, 경청 강조

CS 전문가가 되기 위해서는 이 같은 대응 매핑을 체화해야 한다.

3. 예언 능력은 '직감'이 아닌, '기록'에서 완성된다

하루 수십 명의 고객을 응대하며 기억에만 의존한다면, 감정 흐름을 파악하기 어렵다. 따라서 가장 효과적인 방법은 일상 속 행동 기록을 남기는 것이다.

CS 전문가를 위한 실전 노트 세트

1. CS 행동 관찰 일지 (Daily Behavior Observation Log)

날짜	고객 이름	관찰한 행동 신호	감정 추정	대응한 방법	결과/피드백
26.03.10	고객 A	시선 회피, 짧은 답변	불편, 거리두기	공감 표현 후 질문 전환	표정 부드러워짐, 대화 연장 성공
26.03.10	고객 B	팔짱 끼고 무표정	긴장, 경계심	미소와 개방형 질문 사용	긴장 완화, 상담 긍정 반응

※ 매일 3명 이상 기록 추천

2. 행동-감정 매핑 분석지 (Behavior-Emotion Mapping Sheet)

행동 신호	감정 가능성	실제 사례	적용한 대응	결과 평가
몸을 뒤로 젖힘	관심 저하	3/11 고객 C	서비스 장점 요약 재설명	집중 회복, 구매 전환 성공
눈썹 찡그림	혼란, 이해 부족	3/12 고객 D	제품 설명을 더 쉽게 풀어 설명	이해 확인, 긍정적 표정 변화

※ 패턴 누적 기록 필수

지금까지 살펴본 바와 같이, 고객의 행동은 말보다 먼저 감정을 드러낸다. 예측은 직감의 영역이 아니라, 반복 관찰과 기록에서 온다. 따라서 CS 전문가라면 고객의 표정, 반응, 자세를 놓치지 않고 메모하여 패턴을 인식하고 예측할 수 있는 도구를 손에 익혀야 한다.

오늘부터 1일 3고객 행동 일지 쓰기를 시작해보자. 30일만 실천해도 고객 행동의 흐름이 보이기 시작할 것이다. 예측 가능한 CS, 데이터에 기반한 감정 리딩, 바로 거기서부터 진짜 전문가가 된다.

8

지금 멈추고,
CS를 리셋하라

"고객에게 기억되는 사람이 되고 싶은가?" 그렇다면 지금, 당신이 하고 있는 고객 서비스를 잠시 멈춰야 한다. CS는 '진심이 보이지 않는 반복의 시대'에 머물러 있다. 매장마다 복사된 멘트와 표정 없는 인사, 의미 없는 질문. 고객은 더 이상 그런 응대를 기억하지 않는다. 오히려 잊는다. 아니, 실망한다. 한 번쯤은 말없이 떠난 고객의 뒷모습이 마음에 남았을 것이다. 그때 아무 말도 안 했던 그 고객, 사실은 많이 실망했을지도 모른다. 이제는 리셋이 필요하다. 고객 심리에서 다시 시작하는, 완전히 새로운 서비스가 필요하다.

1. 매뉴얼화된 응대는 고객을 지치게 만든다

"도와드릴까요?", "괜찮으세요?", "필요하신 거 있으신가요?"라는 말은 이제 고객의 뇌에 아무 자극도 주지 못한다. 또한 너무 많은 직원들이 같은 톤, 같은 표정, 같은 멘트로 고객을 맞이한다. 고객은 사람이 아닌 시스템을 대하는 듯한 감정을 느낀다. 차별이 없으면, 감동도 없다. 고객은 똑같은 서비스에 쉽게 질리고, 자신만을 위한 무언가에서 만족을 느낀다. 고객이 "그냥 둘러볼게요"라고 말했을 때 "네, 필요하시면 불러주세요"라고 대답했다면, 이는 서비스가 아니라 자동응답이다.

2. 리셋은 '질문'과 '관찰'로 시작된다

기존 서비스를 멈추고 새롭게 시작하는 방법은 의외로 간단하다.

① 질문을 바꿔라

- "도와드릴까요?" 대신 → "오늘 가장 관심 있으신 제품이 있으실까요?"
- "불편하신 점 없으셨나요?" 대신 → "오늘 가장 좋았던 부분이 있다면 알려주실 수 있을까요?"

② 고객을 관찰하라

- 고객의 시선, 손끝, 반응 속도를 기록하라.
- 그 안에 숨어 있는 니즈가 보이기 시작한다.

고객이 먼저 말하지 않으면, 당신이 먼저 느껴야 한다.

감정을 설계하는 행동 심리 CS

3. 리셋은 시스템이 아니라 태도의 전환이다

많은 기업은 CS 문제를 매뉴얼 개정이나 교육 강화로 해결하려 한다. 하지만 그것만으로는 변화가 일어나지 않는다. 고객은 당신의 태도에 반응한다. 어떻게 앉아 있는지, 어떻게 눈을 맞추는지, 얼마나 진심을 담아 말하는지. 리셋은 겉모습이 아닌, 고객을 마주하는 기본자세의 전환에서 시작된다.

지금까지 살펴본 바와같이 익숙한 서비스는 고객에게 더 이상 특별하지 않다. 반복된 매뉴얼 응대는 오히려 진심을 가리고 고객의 감정을 놓치게 만든다. 이제는 고객 서비스라는 이름으로 '기계처럼' 응대하던 방식을 과감히 멈춰야 한다. 질문을 바꾸고 관찰을 시작하며, 나의 태도를 리셋하는 것. 그것이 진짜 CS 전문가의 첫걸음이다. 오늘부터 하루 한 번은 자신에게 물어보자.

> **"나는 지금 고객의 심장을 두드리고 있는가,**
> **아니면 매뉴얼을 읊고 있는가?"**

그 질문 하나가 당신의 CS를 다시 숨 쉬게 만들 것이다. 기억하자. 지금 이 순간 리셋하지 않으면 고객은 다시 돌아오지 않는다.

9

고객 서비스 그릇을 만들고
행동 심리를 담기까지

당신이 만든 서비스는 고객의 감정을
얼마나 담아낼 수 있는가?

찰랑찰랑 넘치는 커피잔처럼 고객의 감정도 넘칠 수 있고 쏟아질 수 있다. 그걸 담지 못하는 서비스는 결국 바닥에 흘려보내고 만다. 고객은 늘 같은 온도로 다가오지 않는다. 기대, 불안, 망설임, 불만, 호감… 그 복잡한 감정들이 매 순간 변한다. 그런 고객의 심리를 담아낼 수 있으려면 우리가 만드는 그릇도 변화에 유연하고 감정에 민감해야 한다. 우리는 지금 '응대'를 넘어 감정을 품는 그릇을 다시 빚어야 할 시점이다. 이 장에서는 오지혜 강사가 제안하는 행동심리 기반 고객 서비스 그릇 설계 3원칙을 공개한다.

공식 ① | 받아주는 구조: 공감을 담는 곡선 그릇

고객의 감정을 그대로 담으려면 그릇의 '가장자리'부터 부드러워야
한다.

- 고객이 불편을 드러내기 전에 표정에서 감정을 읽고 미리 반응하
  는 곡선형 경계
- 고객이 혼란스러워할 때 설명이 아니라 맥락을 먼저 제시하는 넓
  은 입구
- 고객이 말없이 돌아설 때 피드백을 유도하는 열린 마무리

"다음에 다시 올게요"라는 고객의 말에 "혹시 조금 더 고민되시는 부
분 있으세요?"라고 부드럽게 묻는 것이 바로 곡선형 경계를 만든다.

공식 ② | 받친다는 구조: 일관성을 유지하는 안정형 바닥

고객 감정은 쉽게 흔들린다. 특히 서비스 태도와 메시지가 매번 다르
면, 감정은 쉽게 쏟아진다. 그래서 그릇의 '바닥'은 단단해야 한다. 바로
'일관된 톤, 태도, 메시지'가 그것이다.

- 매번 다른 직원이 다른 방식으로 응대하면 감정은 혼란스러워
  진다.
- 언제든 이 기준 안에서 고객을 반응시킬 수 있다는 신뢰가 필요

하다.

첫 방문, 둘째 방문, 세 번째 방문 때 항상 "안녕하세요. ○○님 오셨네요."로 인사하면 고객은 '내가 기억되고 있다'는 감정적 안정감을 느낀다.

공식 ③ | 다시 채우는 구조: 감정을 회복시키는 리필 기능

서비스는 한 번의 실수로 무너지는 것이 아니라 실수를 회복하지 못했을 때 기억에서 사라진다. 고객은 기대했던 경험과 실제 경험의 차이에서 실망을 느낀다. 그때 중요한 건 '설명'이 아니라 감정의 회복이다. 회복이 있는 서비스는 고객의 기억 속에 '따뜻한 여운'을 남긴다. 이 회복의 핵심이 바로 서비스의 리필 기능이다.

- 고객이 기대에 못 미쳤던 감정을 남겼을 때
- 다음 만남에서 그 감정을 채워주는 말 한마디, 맞춤형 배려
- '기억하고 있다'는 태도는 단순한 친절을 넘어선 정서적 충성도를 만든다.

한 고객이 며칠 전 신발을 구매한 뒤 "신발끈이 생각보다 금방 풀려서 조금 불편했어요."라는 피드백을 남겼다. 직원은 그 내용을 기억해두었다가 고객이 다시 매장에 방문했을 때 "이번 모델은 끈 고정이 강화된 제품이에요. 지난번 불편하셨던 점이 개선된 디자인이라 추천드리고 싶었어요."라고 먼저 설명했다. 고객은 놀라며 이렇게 말했다. "그 얘기를 기억하고 계셨군요. 너무 감사해요." 이것이 바로 고객의 감정을 다시 채우는 리

필 구조다. 기억에 반응하고 불편에 응답하는 태도, 그것이 고객에게 남는 서비스의 깊이다.

지금까지 살펴본 것처럼 고객 서비스의 그릇은 단순한 매뉴얼이 아니라 심리를 담아내는 유연하고도 단단한 구조다. 감정을 받아내는 곡선형 가장자리, 신뢰를 받쳐주는 안정형 바닥, 신뢰를 회복하는 리필 구조, 이 세 가지 요소가 함께 작동할 때 당신의 서비스는 고객의 감정을 '담는 것'을 넘어 품는 서비스로 확장된다. 오늘 하루가 끝난 뒤 이렇게 자문해보자. "오늘 내가 만든 그릇은 고객의 감정을 잘 담아냈는가?"

그 질문을 매일 던지는 사람만이 고객의 마음에 오래 남는 CS를 만들 수 있다.

10

그릇의 크기는
담기는 만큼 달라진다

고객은 기억한다. '담아준 사람'을

고객은 말을 잘하는 직원보다 표정을 먼저 읽어준 직원을 더 오래 기억한다. 상품을 설명해 준 직원보다 불안한 눈빛에 먼저 반응해 준 직원을 더 따뜻하게 떠올린다. 이 차이를 만드는 건 단 하나, 얼마나 감정을 '담아줄 수 있었는가'이다.

여기서 말하는 '그릇'은 단지 매뉴얼이나 응대 스크립트가 아니다. 그릇이란 고객의 말 너머의 감정, 표정, 망설임, 불만까지 흘러넘치지 않게 담아내는 '내 마음의 용기'이자 감정과 반응을 수용하는 나만의 응대 태도다. 너무 작으면 쉽게 넘친다. 너무 얇으면 쉽게 깨진다. 너무 차갑다면 아무것도 오래 담지 못한다. 우리는 늘 고객을 담아내려 하지만, 사실은 나 자신의 그릇부터 빚고 키워야 한다.

이번 장에서는 그릇이 어떻게 자라고 넓어지고 깊어지는지를 오지혜 강사의 3가지 '그릇 성장 공식'으로 함께 풀어본다.

성장 공식 ① | 실패를 담아내는 바닥부터 키워라

'완벽한 서비스'를 목표로 할수록 그릇은 쉽게 깨진다. 진짜 성장하는 CS는 실수를 감정적으로 받아들이는 깊이부터 시작된다. 고객은 실수 자체보다 '그 이후'를 더 민감하게 생각한다. 불편함에 진심으로 반응하는 사람은 오히려 고객의 기억 속에 '회복력을 가진 서비스'로 남는다.

현장에서 있었던 일이다. 고객의 불만을 받은 직원이 당황해 아무 말도 하지 못했던 날, 그 상황을 팀 회의에서 공유하고 같은 유형의 고객이 올 경우에 대비해 멘트를 작성했다. 그 후 그는 같은 상황에서 훨씬 자연스럽게 반응했고 그 고객은 다시 돌아왔다.

행동심리학에서 '회복 경험'은 기억에 오래 남는다. 사람은 감정을 회복시켜 준 사람에게 정서적 신뢰를 부여한다. 실수를 받아들이고, 진심으로 반응한 경험은 CS 전문가의 '바닥'을 넓히는 첫 재료다. 그릇의 바닥은, 실패를 감정적으로 담아내는 깊이에서 자란다.

성장 공식 ② | 반복 관찰은 그릇의 '둘레'를 넓힌다

한 번의 고객 응대보다 10번 반복했을 때 패턴을 읽어내는 능력이 그릇을 넓힌다. 고객은 대부분 말보다는 행동으로 감정을 표현한다. 그 행동의 미묘한 반복을 읽어낼 수 있는 사람이 진짜 고객의 니즈를 알아차린다.

어느 매장에서 있었던 일이다. 직원은 "그냥 둘러보는 거예요"라는 말을 자주 남기고 나가던 고객들이 대부분 가격표에만 시선을 오래 머물렀다는 것을 관찰했다. 이후 "지금 할인 중인 상품부터 소개해드릴까요?"라고 묻기 시작했고, 매출이 눈에 띄게 상승했다.

고객은 불안하거나 정보가 부족할 때 '탐색적 행동'을 반복한다. 행동 심리학에서는 이를 '불확실성 회피 반응'이라고 한다. 이를 관찰하고 먼저 언급해주는 응대는 감정의 예측 가능성을 높이고, 신뢰를 유도하는 방법이 된다. 관찰은 그릇의 둘레를 넓히는 가장 실용적인 방법이다.

성장 공식 ③ | 감정을 해석하는 사람이 그릇을 키운다

고객의 말 뒤에는 늘 해석되지 않은 감정이 있다. 겉으로는 정중하지만, 그 안에는 실망, 망설임, 또는 조심스러운 호감이 숨어 있다. 그 감정을 말이 아닌 몸짓과 분위기로 읽을 줄 아는 사람, 그 사람이 진짜 CS의 고수다.

카페에서 "괜찮아요"라며 고개를 돌렸던 고객. 직원은 그날의 눈빛과

 감정을 설계하는 행동 심리 CS

표정을 기억했다가 다음 방문 시 "지난번 메뉴, 조금 짜게 느껴지셨던 것 같아요. 오늘은 간 조절해봤어요"라고 말했다. 고객은 놀라며 "그걸 기억해주셨다니 정말 감사해요"라고 답했다.

'감정의 정서적 인정(Emotional Validation)'은 고객 충성도를 높이는 가장 빠른 심리적 개입이다. '나의 감정을 기억해주는 사람'에 대한 신뢰는 이성적 만족보다 오래간다. CS 전문가의 그릇은 말이 아니라 감정 해석력에서 확장된다.

반론과 오해에 대한 짧은 응답

"이 정도까지 고객 감정을 해석해야 하나요?"
"단순 구매인데, 너무 과하지 않나요?"

이런 생각을 가진 독자도 있을 수 있다. 하지만 실제로 고객 응대의 가장 위험한 순간은 불편을 말하지 않고 돌아선 고객에게서 발생한다. 불편함을 드러낸 고객은 아직 '기회'를 준 사람이다. 조용히 떠난 고객은 두 번 다시 돌아오지 않는다. 지금 시대의 고객은 말보다 행동으로 표현한다. 우리가 그 신호를 해석하지 않으면 AI보다 느린 감정 대응자가 될 수밖에 없다.

지금까지 살펴본 바와 같이 서비스의 그릇 크기는 애초에 정해져 있는 것이 아니다. 담으려는 의지, 관찰하는 시선, 해석하는 감정이 그릇을 더 깊고 더 넓고 더 탄탄하게 만든다.

실수를 기록하고 반복을 관찰하며 감정을 해석하는 습관, 이 세 가지가 당신을 '말만 잘하는 사람'에서 고객 감정을 담는 사람, 고객을 품는 전문가로 성장시킨다. 오늘 하루를 마치며, 자신에게 이렇게 물어보자.

"오늘 내가 만든 그릇은,
고객의 감정을 충분히 담아냈는가?"

이 질문을 매일 던지는 사람만이 진짜 고객 중심 시대의 CS 전문가가 된다.

11

당신은 이제 최고의 CS 전문가다

고객은 결국, 사람을 기억한다

그동안 고객은 말로 요구하지 않았다. 대신 행동과 눈빛, 조용히 돌아서는 걸음으로 수없이 많은 사인을 보냈다. 그리고 당신은 그 사인을 읽기 시작했다. 처음엔 낯설었고, 어렵게 느껴졌을지도 모른다. "그냥 둘러볼게요"라는 말을 어떻게 받아들여야 할지, 고객의 무표정 속에 감정이 숨어 있다는 것을 처음엔 눈치채기 어려웠을 것이다.

하지만 지금의 당신은 다르다. 말보다 행동을, 매뉴얼보다 표정을 먼저 읽으며, 불만보다는 '조짐'을 먼저 감지할 수 있는 사람이 되었다. 당신은 더 이상 단순한 응대자가 아니다. 이제는 고객의 감정을 설계하고, 기억을 만들어주는 사람이다.

CS는 처음엔 기술이다. 적절한 말투와 정확한 정보, 정돈된 표정. 하지만 어느 순간부터 기술만으로는 부족하다는 걸 느끼게 된다. 왜 친절했는데도 고객은 다시 오지 않았을까? 왜 정중하게 인사했는데도 불만이 생겼을까? 바로 이 질문이 당신을 '설계자'의 길로 이끈다.

감정을 예측하고, 행동을 설계하며, 고객의 입장에서 흐름을 짜는 사람. 이것이 두 번째 성장이다. 그리고 마지막은, 해석자. 고객의 말 너머를 읽고, 침묵에 담긴 의미를 발견하며, '무언가 이상하다'는 감각을 행동으로 옮기는 사람. 이 여정이 바로 당신이 걸어온 길이다.

고객 응대는 이제 AI와 경쟁해야 하는 시대다. 챗봇은 빠르게 대답하고 자동화 시스템은 편리함을 주지만, '감정을 담아주는 사람'만은 기계가 대체할 수 없다. 고객의 불안한 시선을 알아차리는 순간, "괜찮습니다"라는 말 뒤의 실망을 감지하는 능력, 조용히 머뭇거리는 손끝에 먼저 다가서는 감각, 이 모든 건 기계가 흉내 낼 수 없는 사람만의 예측, 공감, 연결 능력이다.

그리고 당신은 그 능력을 갖춘 사람이다

고객은 '좋은 응대'를 기억하지 않는다. 정확한 설명, 밝은 미소, 정중한 언어, 모두 좋은 응대였지만 흔한 응대이기도 했다. 고객은 '기억된 자신'을 만들어준 사람을 잊지 않는다. 불편했던 순간을 기억하고 다음에 먼저 말해준 직원, 말하지 않았지만 감정을 알아차리고 배려해준 순간, 아무 말 없이 떠났다가 다시 돌아왔을 때 "이번엔 불편하지 않으셨죠?"라고 먼저 건넨 말, 이것이 바로 기억되는 서비스이자 기억되는 사람의 태도다. 지금의 당신은 '기억되는 사람'이 되었다.

지금까지 우리는 예측 불가능한 고객을 이해하고, 행동 심리를 읽고, 말보다 먼저 움직이는 서비스를 설계해왔다. 그리고 이제 그 여정을 마친 당신에게 이 책은 자신 있게 선언한다.

당신은 국내 최고의 CS 전문가가 되었다. 하지만 진짜 전문가는 여기서 멈추지 않는다. AI 시대의 전문가는 AI와 싸워 이기는 사람이 아니라, AI라는 파도를 타고 고객의 마음이라는 목적지에 더 빠르게 도달하는 공감의 항해사다. 기술이 발전할수록 역설적으로 사람의 온기는 더욱 희소한 가치가 된다. AI가 정답을 말할 때 우리가 고객의 공백을 읽어준다면, 기술은 결코 우리의 경쟁자가 될 수 없다. 오히려 우리의 진심을 더 널리, 더 정확하게 전달해 줄 가장 강력한 날개가 될 것이다.

고객은 계속 변하고, 감정은 더 섬세해지고, 기대는 더 높아질 것이다. 그래서 우리는 다시 처음으로 돌아가 '관찰', '기록', '이해'하는 태도를 가져야 한다.

● "나는 오늘 고객의 어떤 감정을 읽었는가?"

● "나는 고객의 기억 속에 어떤 사람으로 남았는가?"

● "오늘의 실수는, 내일 어떤 설계로 바뀔 수 있을까?"

이 질문을 매일 던지는 사람이 AI 시대에도 살아남는 고객 중심 전문가다.

고객의 마음을 관찰하고 그 마음의 파동에 섬세하게 반응하며, 매일의 응대를 '작은 예술'로 만드는 사람이다.

"당신이 바로, 그 사람이다"

감정을 설계하는 행동 심리 CS

원고의 마지막 장을 넘기는 지금, 당신의 마음속에는 어떤 질문이 남아 있나요?

아마도 빠르게 변하는 AI 시대 속에서 '과연 사람의 자리가 남아 있을까'라는 막연한 불안함이 한구석에 자리 잡고 있을지도 모릅니다. 하지만 저는 지난 17년이라는 시간 동안 현장에서 고객의 미세한 떨림을 함께하며 깨달은 한 가지 진실을 이 지면을 빌려 확신하며 전하고 싶습니다. 기술이 정교해질수록, 사람의 마음을 읽어내는 당신의 '1초'는 더욱 대체 불가능한 보석이 될 것이라는 사실입니다.

2009년, 제가 처음 이 길을 걷기 시작했을 때 서비스는 그저 '친절한 응대'와 '빠른 처리'가 전부인 줄 알았습니다. 하지만 수만 명의 고객과 호

흡하며 깨달은 것은, 고객은 자신의 문제를 해결해 줄 기계가 아니라 자신의 불편함을 알아차려 줄 '단 한 사람'을 찾고 있다는 점이었습니다. AI는 0.1초 만에 정답을 제시할 수 있지만, 고객이 왜 그 질문을 던졌는지, 그 표정 뒤에 숨겨진 망설임이 무엇인지는 읽어내지 못합니다.

이 책에서 다룬 행동 심리의 통찰들은 단순히 고객을 분석하기 위한 기술이 아닙니다. 오히려 AI가 처리해 주는 효율성 덕분에 확보된 귀한 시간에, 우리가 비로소 사람의 마음에 온전히 머물 수 있도록 돕는 따뜻한 이정표입니다. 고객의 입이 아니라 몸짓과 눈빛이 보내는 신호를 읽어내는 것, 그것은 상대를 향한 가장 지적인 배려이자 오랜 시간 현장을 지켜온 제가 발견한 서비스의 본질입니다.

우리는 모두 성장을 꿈꿉니다. 때로는 무례한 고객 앞에 무너지기도 하고, 반복되는 일상에 지치기도 합니다. 하지만 기억하십시오. 당신이 포착한 고객의 1초, 당신이 건넨 진심 어린 한마디는 누군가에게는 잊지 못할 '경험'이 되고, 당신 자신에게는 대체 불가능한 '특별함'이 됩니다. 서비스의 그릇을 키우는 과정은 결국 나 자신의 가능성을 발견하고 더 나은 모습으로 변화시켜 나가는 고귀한 여정이기 때문입니다.

이제 책을 덮고 다시 현장으로 돌아갈 당신을 응원합니다. AI가 정답을 말할 때 당신은 고객의 공백을 읽어주십시오. 기술이 차가운 숫자를 내놓을 때 당신은 사람의 온기를 더해주십시오. 당신이 찾아낸 그 '한 끗 차이'가 결국 AI 시대에도 살아남는, 아니 AI 시대라서 더욱 빛나는 유일무이한 가치가 될 것입니다.

당신은 이미 마음을 읽는 설계자이며, 변화를 이끄는 주인공입니다. 그 뜨거운 성장의 여정에 이 책이 든든한 동반자가 되었기를 바랍니다.

감사합니다.

감정을 설계하는
행동 심리 CS

초판 1쇄 발행 2026년 3월 20일

지은이 오지혜
발행인 김승헌
외주 디자인 홍정순

펴낸곳 도서출판 작은우주
주소 서울특별시 마포구 양화로 73, 6층 MS-8호
출판등록일 2014년 7월 15일(제2019-000049호)
전화 031-318-5286
팩스 0303-3445-0808
이메일 book-agit@naver.com

ISBN 979-11-24435-00-7(03320)

북아지트는 작은우주의 성인단행본 브랜드입니다.